Abitur und Studium

gequirlte Scheisse

danyelo dolce

impressum

© 2007 danyelo dolce

herstellung und verlag: books on demand gmbh, norderstedt

isbn 9783833493133

inhaltsverzeichnis

1. einleitung

ich muss irgendwas schreiben. egal, irgend ein scheiss. einfach nur beschaeftigen, sonst dreh ich hier heute dem 19.januar durch. was soll ich sonst machen, nach ueber 100 bewerbungen, 10 vorstellungsgespraechen die auch nix gebracht haben und jetzt auch noch ohne kohle. der kuehlschrank ist zum glueck noch zu einem drittel gefuellt, gas und strom zahlt zum glueck das sozialamt, aber krankenkasse?

bier ist seit einer woche alle. kein problem! ... vielleicht fuer dich, aber ich bin alkoholiker. vielleicht sollte ich mich der beschaffungskriminalitaet bedienen. doch wo soll ich hier am arsch der welt, nagut am schoensten arsch der welt ;-) denn alkohol her bekommen? ich quaele mir jetzt gegorene saefte rein. schmeckt ekelhaft, macht sodbrennen und so richtig besoffen werde ich natuerlich auch nicht davon. habe jetzt auch mit einem entzug im selbstversuch begonnen. nennt sich „kontrolliertes trinken", das verfahren hat irgendso ein professor aus uebersee mit nach deutschland gebracht. es ist ja auch der ideale zeitpunkt weniger zu trinken wenn sowieso nix mehr da ist. dummerweise komme ich beim selbstversuch absolut nicht einmal an die selbstgesetzten hoechstgrenzen, die sowieso schon erheblich runtergeschraubt sind. nicht, dass ich so toll abstinent leben koennte, nein es ist einfach nix im haus.

ich mache den ganzen tag nichts anderes als stellensuche im internet und bewerbungen schreiben. das ist vom zeitaufwand fast schon ein halbtagsjob bei mir. privat mache ich gar nix mehr, ausser fernseh schauen. wenn man von hartz iv ausgeschlossen wird, bleibt einem eben nix uebrig als wasser und brot. sonntags, zur feier des tages goenne ich es mir als highlight der woche den rolladen fuer eine halbe stunde hochzuziehen und in den garten den schafen zuzusehen ;-)

genug des selbstmittleids. ach eines habe ich noch – meine neue evolutionstheorie: die zivilisation begann damit, dass sich die frau gott emanzipierte. dann uebte sie den aufrechten gang, damit nicht mehr jeder mann sie von hinten bespringen kann. von da an konnte sie sich intelligente oder gut aussehende maenner aussuchen. der gut gebaute mann laeuft auf allen vieren hinter seiner frau hechelnd her. der inteligente mann hat sich spaeter auch emanzipiert. durch seinen aufrechten gang hat er zwei haende frei und braucht keine frau mehr. so schlaegt die maennliche intelligenz der biologie ein schnippchen, aber wird daher leider aussterben. die evolution siegt: gut aussehende frauen, die sich mit ihren freien haenden den ganzen tag im gesicht rummalen und hinter ihnen auf allen vieren ihr dummes huendchen.

ok, ich gebe es ja zu – ich bin single. teilweise sogar sehr ueberzeugt. warum ich so ueberzeugt bin? so einen richtigen grund gibt es eigentlich gar nicht – oder? vielleicht habe ich einfach selbst genug probleme, was soll ich mir da noch mal so viele ins haus holen. oder kennst du ein maedel ohne probleme? vielleicht eine mit einer tollen figur, huebschen aussehen und viel kohle? eine die nicht gleich heiraten und kinder will? die einen nicht zunoehlt und dafuer nur spricht, wenn sie gefragt wird? siehste! gut, ich rede nicht viel. nach ein paar bier etwas mehr. ein bisschen ruhe und selbstreflexion kann ja nicht schaden. die letzten jahre bin ich sehr viel unter die leute gegangen. man moechte ja doch ab und zu mal ein maedel und wenn's auch nur fuer ein paar stunden ist. bars und discos in rhein-neckar dreieck und im saale-elbe winkel sind meine reviere, ja ich liebe maedels und schaue sie mir gerne an, wenn die umgebung stimmt. schummriges licht, da sehen sie besser aus und schoene laute musik, da muss man sich nicht unterhalten. ausserdem versiegt dort meist der biervorrat nicht, solange man gut mit europaeischen muenzen versorgt ist. hab auch schon versucht mit kronkorken zu bezahlen, aber das funktioniert meist nicht, denn die bardamen duerfen sich ja nicht zusaufen und so erkennen die den versuchten schwindel eines alkoholikers schnell. im letzten jahr war ich auch ein paar mal hier im dorf unterwegs. wusste gar nicht, dass es am arsch der welt auch huebsche maedels gibt. ok, die meisten sind schrabnellen und die schoenste laeuft natuerlich mit irgendso einem dahergelaufenen bodybuilder hand in hand. obwohl bodybuilder heisst es glaube hier bei kahlgeschorenen ossis nicht, vielleicht typ mit nordgermanischer muskelauspraegung und mit braunem deutschen stroh im kopf? keine ahnung, geht mich ja auch nix an. darf mich ja auch nicht beschweren, er hat mir schliesslich von seinem tollen koks eine linie angeboten. dummerweise hat mir seine freundin mit dem schoensten arsch der welt danach noch mehr gefallen. musste ich ihr natuerlich auch gleich mitteilen. nach zwei sms hin und her schrieb sie: ich soll sein babe in ruhe lassen. war wohl nicht von ihr persoenlich. was meinst du? klang dann doch eher nach ihrem braunen strohmann. nuechtern betrachtet sollte ich auch jedem streit aus dem wege gehen. ich hab zwar gute 84 kilogramm, aber die sind etwas schlecht verteilt. die wenigsten bodybuilder schlagen vor ner disco einem nur ins schwabbelnde fettgewebe, vielleicht aber braune strohmaenner? nein, besser nicht drauf ankommen lassen, schliesslich koennte meine brille kaputt gehen. brillen werden ja nicht mehr von der kasse uebernommen und krankenkasse habe ich die letzten monate ja auch gar nicht bezahlt.

an meine letzte brille kann ich mich noch erinnern. war ein toller abend. ich hatte ein paar euro in der tasche, denn im sommer vermiete ich nebenbei zimmer in meinem haeuschen. ja ich musste am naechsten tag frueh raus den gaesten fruehstueck machen. aber wenn einen schon ein guter kumpel fuer eine stunde abends um 23uhr mit auf das dorffest nehmen will, da sag man doch nicht nein. die getraenke waren guenstiger als erwartet. das geld war also nach der stunde noch nicht alle... das bier auch nicht! ... strohmanns saalebraut hat auch sehr schoen ihren hintern zur tanzmusik bewegt. ich konnte nicht nach hause gehen. meine viereckigen fernsehaugen haben sich die ganze nacht bis morgens um 4 weibliche woelbungen betrachtet. hintern, brueste, kurven, wippend, schwingend, tanzend und erst die huebschen freien baeuchlein. in der stadt waeren es vielleicht freie bauchnabelpiercings gewesen, die piercings kann man aufm dorf meist nicht direkt erkennen, daher freie baeuchleins. naja und da meine augen, wenn mein hirn ihnen mitteilt, ueber stunden nicht blinzeln zu duerfen, sonst austrocknen, muss man eben erheblich mehr alkohol trinken. das befeuchtet von innen und die verdunstungsfeuchtigkeit gelangt beim trinken ja sowieso in die augen. ach ja irgendwas von brille hatte ich ja. also gegen vier sind wir dann gegangen, mein kumpel ist irgendwie so ueber einen zaun gesprungen. ich hab das schon mal im fernsehen gesehen. daher bin ich mit anlauf losgerannt und habe zum sprung angesetzt. ich weiss nicht, ob ich zu schwer bin oder zu spaet abgesprungen bin, vielleicht war einfach auch nur der zaun ein paar meter zu hoch. zumindest hing ich da irgendwie mitten im zaun. ich hab es noch zwei oder dreimal probiert. zum glueck hat mir dann mein kumpel anweisungen gegeben wie man ueber dieses hohe hindernis klettern kann. ich lag auch irgendwann auf der anderen seite. dann sind wir stundenlang durch den wald und auf dem damm nach hause gelaufen. so ein damm ist richtig scheisse, sieht voll grade aus, aber rechts und links geht's eben runter. da lag ich auch in dieser nacht oeffters und laengers und laengers und immer oeffters. gegen neun hat dann mein handy geklingelt, wo denn das fruehstueck bleibe. bin dann aus der hecke vor meinem haus ins auto gestiegen und hab erst mal broetchen geholt. zu dem zeitpunkt ist mir meine sehschwaeche aufgefallen. ich habe also diesmal groessere broetchen fuer meine gaeste gekauft. soviel zu meiner brille.

ist schon ab und zu lustig so ein beschissnes leben. eigentlich ist es ja gar nicht beschissen. es ist sogar ganz witzig, man muss nur drauf achten, dass man nicht nuechtern wird. soziale kontakte? schwachsinn! bin ich denn ein mann oder eine memme? einsamer wolf, das schon eher. ich warte hier und liege auf der lauer. ok, fuenf jahre auf der lauer liegen und bier saufen, traegt halt nicht gerade zu koerperlicher fitness bei. fuenfjaehriger bartwuchs, bierbauch, von meiner brille habe ich ja schon erzaehlt. ich kann trotzdem nicht mal als double von fidel arbeiten. aber ich habe gehoert maedels stehen auch auf intelligente maenner. blos wie erkennen die huebschen maedels denn nur meine intelligenz? hatte ich schon von meiner brille erzaehlt? die schrabnellen erkennen einen. aber so eine intelligente, haessliche braut muss es nun wirklich nicht sein. reicht wenn ich nachmittag nach dem aufstehen in den spiegel schaue, da muss die schnalle nicht auch noch so ein kotzbrocken wie ich in weiblich sein. ...ich koennte mir meine ganzen urkunden ja auf ein t-shirt drucken lassen. umfang genug habe ich ja, obwohl ich mehr urkunden als auf mein xxxl-tshirt passen habe. problematisch erscheint mir auch, wenn ich mich dann als inteligenzprotz geoutet habe, der dame erklaeren zu muessen, dass ich keine kohle habe und nicht arbeiten will. wahrscheinlich werde ich noch weitere fuenf jahre einsam ueber diese problematik nachdenken muessen bevor ich ein maedel anspreche.

vorsichtshalber koennte ich ja schon mal ueber die gemeinsame zukunft nachdenken. waer gut wenn sie kein alkohol trinkt, dann koennte sie mich von den parties morgens abholen. ich koennte dann in ruhe zu hause kotzen. siehste, schon mal eine gemeinsamkeit: meine schnecke kann nach dem essen kotzen um die figur zu halten. aber sonst? sport mach ich ja nicht... und welchen sport kann man ihr erlauben - ohne, dass sie bessere jungs kennenlernt? vielleicht tauchen, da kann sie auch nicht soviel reden. bungeespringen ist auch ganz gut, damit sie nicht in kontakt mit anderen kommt. zusammen koennen wir zum beispiel bier holen. ja – sie hat ein fuehrerschein! was soll die frage? ausserdem darf ich nicht so schwer heben.

2. abendbrot

nun gut, so eine einleitung kann man ja ausnamsweise auch mal nuechtern schreiben. auch wenns keiner glaubt, aber alkohol gibt es fuer mich erst ab dem abendessen. apropos abenbrot, was gibt es eigentlich heute abend? hab noch reste von der selbstgemachten tunfischpizza von gestern oder selbstgemachten hackbraten von heute mittag mit semmelkloessen. hm, selbstgemacht. eigentlich ist fast alles bei mir selbstgemacht. schmeckt einfach besser. ausserdem ist es eine schoene kreative beschaeftigung fuer den tag. morgens schon zu ueberlegen was man aus nichts kocht und abends die gleiche ueberlegung, was man aus nichts denn alles machen kann. ich wunder mich meist selber darueber, was ich wieder leckeres zusammengekocht habe. aber ist ja auch kein wunder, wenn man schon seit 8 jahren im sommer immer gaeste bewirtet. also der hackbraten war gar nicht so schlecht, vielleicht dazu etwas pfeffersosse, wenn hier schon kein scharfes maedel durchs zimmer rennt *heul* egal, scharfe sosse und nachts dann die scharfen heimatfilme... und alles ganz ohne verantwortung. was will ich mehr?

3. saalebraut

... die saalebraut vielleicht? ok ich schildere dir kurz mein kennenlernen von der saalebraut, dem haeschen vom strohmann: am samstag habe ich den fast voellig zerstoerten billardtisch an einen typ vom dorf jugendclub verschenkt, die sich den wieder herrichten wollen.

gegen abend dachte ich arbeitsloser, mittelloser mensch einfach einmal dort vorbei zu schauen. kippte meinen kanister diesel ins auto, moechte wenigstens im dorf als mann von welt gelten. und so folgte ich meiner gedachten anweisung. der club ist an der alten ziegelei, also rund 200 gefaehrliche meter fussweg durchs tierverseuchte tierschutzgebiet. nach sehr langer reise mit dem auto dort angekommen, fragte ich sogleich einen heraus-torkelnden (kann aber auch an meinem vorhergehenden konsum gelegen haben und eine fehlinterpretation darstellen), ob dies denn ein frei zugaenglicher club ist. vielleicht hat er auch etwas geantwortet, aber da war ich schon drinnen.

vom aufbau, eine ganz gewoehnliche baracke, eine gemauerter tresen (das herzstueck einer jeden lokation, damit man weiss wo man zuerst hingehen muss!). im kreis waren couchgarnituren aufgestellt auf denen die jugend sass. musik lief, ein dj hatte seine anlage auf einem biertisch positioniert und alles was augen hatte schaute mich an. so einen grossen alten versifften sack in ihrem entlegenen club, sowas hatten die noch nie gesehen. man ist also - auch ohne gelbes post-t-shirt beim wave gothik treffen in leipzig - interessant fuer die leute und faellt auf. dabei hatte ich mich extra rasiert, da der typ vom samstag mittag mir sagte, dass hoechstalter 25 ist. nachdem ich voellig verdattert in die dunkle runde geblickt hatte, wusste ich, dass der typ es gut mit mir meinte und die 25 wohl auf mich bezogen haben muss - also die waren alle ab 15 bis meinereiner der den abend also den 25jaehrigen representieren durfte.

nun aber unerschrocken mit aufrechten gang zum herzstueck. "ich,....." die erste dreht sich weg, also nochmal "ich haette, da gern..." die zweite dreht sich weg. hmm, denke ich mir, vielleicht mache ich denen angst, aber eigentlich fuehlte ich mich gerade andersrum, hohlen die jetzt einen ganz grossen rausschmeisser und das wars? da, jetzt, eine dritte dreht sich zu mir, laechelt mich an und ...... ich bin verliebt. was wollte ich doch gleich? "ach, was gibt es denn hier so zu trinken?" darauf die schoene frau: "cola wiskey, cola wodka,..." ich: "habt ihr nix normales?" sie: "doch, cola" gut, ok. sie kannte mich also noch nicht und wenn mir jemand cola anbietet kann mein erscheinen ja noch nicht so schlimm gewesen sein, also ich meine wer oder in welcher bar wagt man es mir cola anzubieten? ich also: "nicht ganz so normal, hmm, ein bier vielleicht?" sie: "bier haben wir nicht" mir faellt die kinnlade runter, so direkt wurde mir noch nie irgendwo gesagt, dass ich unerwuenscht bin. nun gut, ein versuch meinerseits mich den gepflogenheiten anzupassen: "dann eine cola wiskey" sie: "also eine cola!" ok ich war wohl zu leise, dass passiert mir ja sehr oft, ich denke also retrospektiv, dass sie mir nicht den alkohol verweigern wollte. ich: "die cola bitte mit wiskey" so das waer geschaft. sie macht irgendetwas hinter der bar, was ich nicht verstehen konnte. ich merkte ich bin in einem anderen land. zuhause nam die bardame doch immer ein grosses glas, hielt es unter einen chromhahn und bewegte einen kleinen hebel oberhalb des hahnes so gekonnt, dass auf meinem getraenk eine schoene schaumkrone sass. es herrschten hier andere praktiken und ich wollte mir dies nun auch nicht so in der oeffentlichkeit erklaeren lassen, man hat ja schon so viel ueber auslaenderfeindlichkeit im osten gehoert ... dann stand da mein dunkelbraunes getraenk in einem fuenftel eines bayrischen glases auf dem tresen und die schoene sprach: "das geht aufs haus!" nun wusste ich, die frau werde ich heiraten (zu eurer erklaerung, sowas laeuft bei mir nur mental ab, schliesslich versuche ich wissenschaftler zu sein und kein praktiker, ausserdem gibt es dafuer ja andere versuchspersonen, gell peter und sibille? *grins*) und sagte ihr:" das darst du mit mir nicht machen, dann wirst du mich nicht mehr los" aber sie laechelte nur. ich setzte mich mit diesem komischen getraenk, gleich auf die couch neben der bar. so konnte ich sie werkeln beobachten, in kuerzeren abstaenden nachbestellen und vielleicht auch rechtzeitig herrausbekommen: wo denn hier eigentlich die toilletten sind. ich zog meine jacke aus, legte sie zu meiner seite und trank trotz widerwillen, aber irgendwie auch genuesslich aus dem glase, welches mir meine angebetete gratis ueberreicht hatte. erst jetzt bemerkte ich, dass ich trotz an der seite sitzend immernoch mittelpunkt des blickes der vielen augenpaare war. vielleicht einfach schneller trinken, dann vergisst man das umsichherum und denkt nur noch an die schoene. auf einmal kam ein typ ganz in weiss gerade auf mich zu, also ohne umwege in einer ziemlich genauen geraden linie. ist heute homotag, dachte ich bei mir? aber der club ist doch ziemlich gemischt, hmm. er: "du bist doch der, der uns den billardtisch geschenk hat!?" ich vorsichtig, schliesslich koennte er ja trotz des geschenkten tisches mich antatschen wollen, ich spreche da leider aus erfahrung: "ja".

wir erzaehlten ein weilchen oder besser gesagt ich fragte ihn aus ueber den club, wer ihn fuehrt, was die so machen, wie oft die sich treffen, nach der altersstruktur, die jungen-maedchen aufteilung und den singleanteil....nachdem er mir 3 oder 4 von diesen braunen getraenken ausgegeben hatte, weiss ich heute nun leider auch nicht mehr die antworten zu meinen damaligen fragen. ich bestellte nun auch ab und zu selber, konnte in erfahrung bringen wo die toilletten sind, welche mich stark an landau erinnerten, da jungs und maedchen gemeinsam, also nicht verkehrten, sondern ja vielleicht doch, zumindest mit fliessender trennung zwischen den geschlechtern. viele jungs haben mich einfach angesprochen und ich habe viel diskutiert. aber zeig mir heute einen ich weiss weder namen noch erkenne ich das gesicht wieder, egal von wem. kurz und gut: ich war also in tanzstimmung und schwang das tanzbein. erst alleine, dann noch ein paar andere. dann kam auch einer der mich schon mal verpruegeln wollte. um der pruegellei aus dem weg zu gehen habe ich mir erst mal seine freundin zeigen lassen, damit ich die nicht versehentlich anmache. habe diese im gleichen atemzuge gefragt, wie sie nur mit so einem zusammensein kann. ok ich musste mit ihm vor die tuer, aber er hatte auch nicht so die lust sich zu pruegel, also habe ich ihm ein wiskey-cola ausgegeben und die sache war erst einmal gut.

tanzen war nicht mehr, irgendwie war mein kopf auch nicht mehr ganz leicht. meine uhr zeigte erst 23 an, naja ich war ja auch schon um 21 uhr dort angekommen. so habe ich mich im gang unterhalten mit irgendwem. dem habe ich auch gesagt, dass die schoenste frau heute die nette bardame vom anfang ist und zeigte auf sie. ein anderes maedel sagte im vorbeigehen: "du tanzt aber gut" und laechelte mich an. der typ schnipste meine angebetet mit den fingern herbei (erinnerte mich prompt an irgendeine russendisco, wo nur maedels tanzen duerfen und man zeigt dann nur so auf eine, die man mitnehmen moechte, aber hier war es eine hochanstaendige form der kontaktvermittlung). sie stand neben mir, laechelte. ich versuchte dergleichen, also wahrscheinlich brachte ich nur ein etwas verzerrtes laecheln hervor und naja das mit dem stehen. vielleicht hat sie es auch sehr schnell bemerkt, dass ich kein grosser redner bin. nach dem namen konnte ich noch fragen und dieser geht mir auch nicht mehr aus dem kopf, aber mehr unterhaltung ging nicht. doch statt mich wie ein begosener pudel stehen zu lassen fragte sie: " wollen wir tanzen?" ja natuerlich, fuer immer, zusammen, dein laecheln sehen und bier bringen lassen, ach nein wiskey-cola. ich brachte nichts raus, dackelte aber in grosser freude hinterher. hmm, wie macht man das nun? ich meine zu zweit tanzen. ich kenne zwar noch den stil von frueher oder mit lora, oder auch den nebeneinander mit meinen schwestern. mir war klar ich kann es nur falsch machen und vielleicht bewegten mich auch einfach nur meine schweren beine dazu. sie nahm mich in die arme und tanzte mit mir standard oder so etwas aehnliches. ich war schon lange nicht mehr so gluecklich. irgendwann stiess ein anderes maedel hinzu und sprach etwas mit ihr. ich verstand nichts und dachte mich zurueckziehen zu muessen.

ich ging hinaus, luft schnappen und setzte mich mit zwei typen in ihr auto etwas andere musik hoeren. keine ahnung wer die waren und wieso ich da eingestiegen bin. ich weiss nur, dass ich heute noch dankbar bin, dass die nicht mit mir irgendwo hingefahren sind und mich rausgeworfen haben. danach noch einmal auf toillette, etwas mit dem karren ueber den hof und dann gluecklich in die falle. sonntag war mein kopf so gross wie der eines elefanten. am abend fragte ich den typ von samstag mittag per sms was die schoene bardame eigentlich sonst so macht und nach ihrem alter, schliesslich ist dies ja eines der wichtigsten vorraussetzungen fuer eine legale beziehung und da in dem club auch ein haufen juengere rumliefen, vielleicht relativ wichtig in erfahrung zu bringen. er schrieb: " sie ist achtzehn, aber sie hat schon ein freund. ich sag dir bescheid, wenn wir wieder eine party machen!"
...

... was will ein haeschen eigentlich mit einem strohmann? sollte ein huebsches haeschen mit so einem tollen puschel nicht einen kleinen dicken rammler mit brille an ihrer seite haben? so ein bloeder beschissener depp! ...bietet mir koks an. ach so – war ja ein anderes kapitel.

4. hoelle

wilkommen auf der hoelle (statt in der hoelle). jeder handelnde ist taeter. das gewissen laehmt. die innere stimme, die sagt „du sollst", kann nie gottes sein, da von einer inneren stimme immer ein „ich will" ausgeht. unsere existenz ist also an das boese geknuepft. alles was wir zu uns nehmen, muss sterben. die existenz ist an den tod geknuepft. die erde muss bestrafung, hoelle sein, denn jedes leben ist zum sterben und boese sein verdammt. deswegen herrscht immerwaehrendes ausloeschen von leben auf der erde.

warum spreche ich keine frauen an? die kinder wuerden bei der scheidung leiden. der schwiegervater wird traurig, seine tochter zu verlieren. der exfreund wird heulen. mindestens einer wird fremdgehen.

warum mache ich nicht sauber? welche existenzberechtigung habe ich, tausenden von tieren, angefangen bei maeusen, spinnen, fliegen, ameisen, etc. den lebensraum zu nehmen?

wohl dem mit dem gesunden nietschistischen nihilismus. ein stueck himmel auf erden schaffen, ist wie einen engel in die hoelle zerren, er wird sich die fluegel verbrennen und sofort beginnen zu fluchen. wir sind aus dem paradies geworfen worden, in uns kann nichts goettliches sein, warum sollte gott etwas goettliches mit aus dem paradies werfen? eventuell haben wir so was wie eine goettliche ahnung, die koennte gewissen heissen. aber dies kommt doch meist nach der handlung, weil es davor laehmen wuerde.

gesetze sind dazu da mit seinem gewissen umgehen zu lernen. prinzipell eine legitimation des boesen. bis zu einer willkuerlichen latte. darueber ist schlecht, darunter ist ok. eigentlich ist jede handlung eine tat und jede tat ist von grund auf boese. jede freude beruht auf fremder trauer. man braucht einen handlungslegitimierer, daher laufen so viele menschen irgendwelchen fuehrern nach, die nach moeglichkeit kein oder ein kaum ausgepraegtes gewissen haben. weiter kommt der nihilist, doch wozu? fuer den nihilisten gibt es kein boese, kein gut, also wozu gesetze? jede handlung ist egal. und damit keine tat. die egalitaet einer handlung laehmt allerdings auch. also noch einmal:

- ☐ gesetze sind die legitimation des boesen,
- ☐ doch da das gewissen die handlung laehmt brauchen wir solche handlungslegitimation
- ☐ der nihilist hat es nicht einfacher da die egaltitaet seiner handlung ihn auch laehmt
- ☐ wenn der nihilist keine werte anerkennt und seine biologie, inklusive sexualtrieb ueberwindet muesste er ohne hand an sich zu legen suicidieren
- ☐ ab dem zeitpunkt der ueberwindung der triebe, nach aberkennung von werten, also dem bekenntnis zum nichts
- ☐ da alles auf erden boese ist, muss „nichts" gut sein. so kommen wir alle in den himmel.
- ☐ keine werte, keine triebe. willkommen im himmel, nihilist.

lesen ist diebstahl. (nietschistisch! was ich in eigenleistung erkannt, aber trotzdem hiermit getan habe). wissenschaftliches arbeiten mit seinem zitieren ist diebstahl. um anderen die zitation, den diebstahl zu ermoeglichen muesste ich wissenschaftliche arbeiten schreiben, denn das zitiert werden ist fuer viele ein wert. so wie ich mir auch nichts daraus mache, beklaut worden zu sein. denn ich habe gehabt, aber ihr benoetigt es noch. eigentlich bin ich egalist, egalist mir gegenueber fuer euch, dies ist ein wert. der hoechste wert ist die eigene egalitaet zu euren gunsten. doch habe ich nie etwas geleistet. geleistet, nach dem was ihr als wert empfindet. und doch geleistet, durch mein egalitaeres, temporoeres sein. „ich war" ist ein wert.

messen ist boese. messen teilt. einteilen ist boese. nehmen ist boese. die egalitaet von darunter und darueber, von gut und boese, von werten und trieben ist der himmel – oder muesste er sein. ist geben boese? geben ist doch seeliger als nehmen – oder? auch geben muss boese sein, denn geben geht auch von werten, einteilungen aus. geben setzt haben voraus. haben ist boese. sein ist boese. ist suicid boese? suicid ist boese – ich nehme! ich nehme etwas das gebraucht werden koennte, auch wenn ich dies nicht weiss. ich will geben, ich gebe mich. mein sein. ich bin. vielleicht gebe ich mich nur temporaer. da ich nicht anders kann. die qual des denkes schmerzt.

zu zu sein bedarf es wenig, doch wer zu ist ist ein koenig. mein lieblings kneipenspruch. meist in grinsender trieberfuellender, nie erfuellter glueckseeligkeit gesprochen. man was war das wieder fuer ein scheiss kapitel, aber irgendwie muss man ja was schreiben um die seiten zu fuellen – oder?

5. wiedersehen

so wieder stories aus dem singleleben. gestern wollte ich eigentlich mit daniel meinem kumpel ausm dorf zur kaiser wilhelm party. der hat aber um 23.30 abgesagt. nun traue ich mich alleine doch nuechtern ueberhaupt nirgendwo rein. also musste was her, das schneller wirkt und bin losmaschiert. betrunken leute ansprechen ist zwar nicht sehr ergiebig, aber unheimlich lustig und am naechsten tag peinlich. bin zu meiner angebeteten und habe ihr ein gedicht zugesteckt. die hat bestimmt eine halbe stunde mir irgend ein zeug ins ohr gefluestert, von sowas wie: das macht man nur fuer die eine richtige und sie kann das nicht sein, aber das meiste habe ich gar nicht verstanden. entweder bin ich nach zwoelf jahren disco taub auf den ohren oder wirklich viel zu besoffen. die bloede kuh hat mir das gedicht zurueckgegeben und wollte es absolut nicht behalten. habe mir waerend dieser unverstaendlichen tuschelei von meiner linken sitzpartnerin zum ausgleich bier holen lassen. das funktioniert hier im osten ziemlich gut. die holen sich dann zwar auch ein getraenk mit, aber der preis ist mit 2,20 zusammen immernoch ertraeglich. dafuer bekommt man hier auch von voellig unbekannten nazis in bomberjacken etwas ausgegeben, wobei die komischerweise nicht einmal bezahlen. habe jetzt fast meine ganze kleingeldkasse vom letzten jahr ausgegeben. habe meine saalebraut rechts weiterschwafeln lassen und habe die frau links gefragt woher ich sie kenne. standard tanz wollte diese mir nicht im fuerst beibringen, aber hat versprochen, dass sie mir das im club, also der ziegelei beibringt.

brauche naemlich ein auffrischkurs. die tanzen hier alle bei bestimmten liedern paarweise und sieht dann scheisse aus wenn man als single dazwischen rumhuepft. irgendwann hat mir eine wieder gesagt wie toll ich doch tanze. mit der habe ich dann auch laenger geredet. bis die irgendwann boese wurde und gesagt hat ich wuerde sie verarschen. ich muss wohl unterschiedliche altersangaben von 25 bis 40 innnerhalb eines gespraeches gemacht haben. also unheimlich witzig und es ist absehbar bis ich hier was auf die nase bekomme. muss mir also wieder eine andere suchen zum gedichte schreiben.

wiedersehen

wann darf ich dich wieder sehen?
ich vermisse dich so sehr
du weisst ich moechte mit dir gehen
doch du setzt dich zur wehr.
dich zu erobern ist sehr schwierig
trotzdem bin ich auf dich neugierig.
ich moechte alles von dir wissen
dich ueberall beruehren und auch kuessen.
wieso hast du mich zurueckgelassen?
wieso durfte ich dich nicht anfassen?
ich kann dir nicht widerstehen
wann darf ich dich wieder sehen?

18.08 14.04.04

6. duester

tachchen, heute ist schon der 20.januar habe gerade noch etwas von meinem hackbraten gegessen. das duschwasser war um elf noch warm, es ist scheisskalt draussen und ziemlich duester. der wind fegt am haus vorbei, mal regen, mal hagel und immer wieder kratzen die zweige der grossen tanne an der hauswand. hoffentlich bringt die postfrau heute gute nachrichten. die kommt immer zwischen halb eins und halb drei, meist sind nur rechnungen und werbung dabei. fuer werbung habe ich einen gruenen eimer unter dem schreibtisch. werbung lesen ist ohne kohle trotz vieler schnaepchen deprimierend. die rechnungen stabeln sich normalerweise bei mir auf dem schreibtisch. damit ich die nicht immer sehen muss, habe ich mir jetzt eine huebsche plastiktuete rausgesucht, die randvoll hinter dem gruenen eimer steht. manchmal kommt meine postfrau auch nicht vorbei. wahrscheinlich traut die sich einfach nicht her, wenn sie mir tags zuvor einen batzen rechnungen vorbei gebracht hat oder sie sitzt zuhause mit ihrem mann und den kindern vor dem kamin und liest erst einmal absagen, die auf grund meiner ausgekluegelten bewerbungen mich erreichen sollen. ich weiss auch nicht wie die das genau macht, denn die absagen und eingangsbestaetigungen zu meinen bewerbungen sind eigentlich immer recht ordentlich verschlossen. nagut, ist wahrscheinlicha auch einbildung, sonst haette sie ja auch ab und zu bei der uebergabe solcher post ein paar troestende worte fuer mich ueber.

huch – ein junger mann im blauen annorack laeuft am fenster vorbei. er gruesst indem er die hand hebt und geht weiter. ach – daniel macht den schafstall auf. bisschen spaet, normalerweise oeffnet er gegen acht uhr. er wird bei dem wetter wohl auch kein bock gehabt haben vors haus zu gehen. drei minuten spaeter kommt daniel rein und bestaetigt meine vermutung mit einem: „guten morgen, ist doch noch morgen unter freiberuflern?!"

stimmt, irgendwie ist dieses spaete aufstehen nach 17 semstern studium in haut und haaren uebergegangen. hat ja auch seine vorteile, wenn man auf parties nicht vor um vier schlapp macht. er programmiert datenbanken fuer verschiedene firmen im umkreis, tja - bei manchen funktioniert das mit der ich ag ganz gut. wir tauschen uns noch kurz ueber das beschissene wetter aus und beschweren uns - ueber meinen hackbraten auf das thema gekommen - dass wir singlehaushalte nach dem kochen immer wochenlang das gleiche essen muessen. waere ja eine moeglichkeit, ein art rotationsprinzip fuer singlemittagsessen zu betreiben. nach dem essen verpackt man das gekochte in tupperware und tauscht dies mit dem nachbarsingle gegen sein gekochtes und so weiter. gekuehlt oder gefroren muessten vier ledige nur alle drei bis vier tage kochen und sonst das essen nur aufwaermen.

da laufen die zwei schafe ja. die wolle weht im wind und waermt sie trotzdem, kauend stehen sie da, ob sie auch ueber den sinn des lebens nachdenken? unbekuemmert, unbeschwert, ohne verantwortung, wahrscheinlich lachen die sich jedesmal kaput, wenn die postfrau mit ungewisser nachricht kommt.

dreizehnuhrachtunddreissig die postfrau kommt. ich gehe zur tuer und die postfrau gibt mir einen brief. winkt ab und sagt: „jetzt haette ich beinahe -guten morgen- gesagt". stimmt, war ja gestern in den nachrichten, dass die post statt ihrer fahrer jetzt freiberufliche kurriere einsetzen moechte. dies hat den vorteil, dass sie diese nur einsetzt, wenn sie auch gebraucht werden. die postfrau bekommt ja -wie schon beschireben- auch ihr geld, wenn sie zu hause vor dem kamin mit ihrer familie meine post liest. meine postfrau hat sich also von gestern zu heute schon innerlich auf ihre spaetere freiberufliche taetigkeit umgestellt. tja- „guten morgen!" in den neuen laendern muss man eben sehr felxibel sein.

herbst

es ist kalt und nass
draussen macht es keinen spass

hell und warm ist es im zimmer
drum bleibe ich drin fuer immer

natuerlich nicht
ist doch nur ein gedicht

wenn der sommer mit der waerme kommt
habe ich mich den fruehling schon gesonnt

den winter mag ich gar nicht leiden
weil die maedchen sich so dick einkleiden

ich liebe im sommer die frauen
da kann man schoene beine anschauen

drum fahr ich in den sueden
oder doch im herbst auf ruegen?
16:21 26.9.2

7. brief

twl steht auf dem brief. ich oeffne und lese. mein mieter in ludwigshafen hat sein strom nicht bezahlt und nun wollen die stadtwerke den stromzaehler abbauen. passt zusammen, schliesslich hat er ja auch schon einige monate keine miete gezahlt. also hab ich mal beim meldeamt in ludwigshafen angerufen. er ist noch in meinem appartment gemeldet. ok, wie geh ich also vor? per email koennte ich ihn doch abmelden, dann die wohnung raeumen, renovieren und endlich wieder unter leuten in einer stadt wohnen. vielleicht gibt es dort auch etwas mehr arbeit. so auf die schnelle bis man was ordentliches gefunden hat. schreib gleich auch noch eine zweite mail an den sozialfuzzi fuer wohnungsfragen und obdachlose in ludwigshafen, ob er irgendwie weiss ob die wohnung nun leer ist.

bis ich was ordentliches habe surf ich mal ueber arbeitsagentur.de im postleitzahlengebiet 67059, vielleicht habe ich ja glueck: wissenschaftlicher mittarbeiter zur evaluation des erziehungsverhaltens von eltern. ach nein, das ist ja in bielefeld. raumpfleger, hmm, das kann ich. schoen shisha, meine aegyptische wasserpfeiffe, rauchen und so den raum mit den schoensten raeucherdueften durchstroemen. das waer ein job und auch noch geld dafuer? toll. erfahrung in wohnheimen. klar, man waren wir frueher besoffen, die kiffer und ich im wohnheim. deutschsprachig. naja, hab ja schon gesagt, dass ich nicht soviel rede, aber wozu soll man beim raumpflegen auch sprechen? scheiss arbeitgeber, die lassen sich immer neue sachen einfallen.

bezahlen einen als raumpfleger und dann darf man den asylbewerbern auch noch deutsch beibringen in so einer raeucherhoele oder was? von 8 bis 12 uhr. was soll den das? wer steht denn schon vor dem fruehstueck auf? ...und so frueh auf leeren magen auch schon qualmen? vorerst als krankheitsvertretung vielleicht auch laenger. klar, raucherhusten, lungenentzuendung mit verdacht auf lungenkarzenom. schoener job. vorm fruehstueck zudroehnen und dabei irgendwas deutsches faseln. vielleicht ist mein vorgaenger vielleicht auch in behandlung, weil er seine drogen nicht direkt im wohnheim kaufen wollte, sondern sein eigenen dealer hat. ist ja oft so, dass man dann auch gezwungen ist die ware dort abzunehmen wo man sein zaster auch herbekommt. branche: heime (ohne erholungs- undd ferienheime). jetzt bin ich mir nicht mehr so sicher, ob das der richtige job ist.

hausangestellter. das kenn ich ja von hier. wenn dich so ein haus anstellt kommste nicht mehr weg. kriegst keine kohle und bist trotzdem irgendwie gefangener. 6 personen haushalt (2 erwachsene und 4 kinder 1-16) und ein hund. waer ja genau das gegenteil von hier. vielleicht sollte ich fuer mein haushalt auch mal ausschreiben: hausangestellter sucht 6 personenhaushalt gerne mit hund, schaf, pferd oder auch kamel. dann waere endlich die bude voll. aufgaben: alles rund ums haus, wie waschen, kochen (v.vorteil), putzen buegeln. kein problem, das mache ich hier ja auch. bewerber sollte kinderlieb sein und berufserfahren. kinderlieb? ich weiss nicht. hab mal auf ner entbindungstation gearbeitet. hat mir recht gut gefallen, die widersprechen nicht. nagut, gehorchen tun die auch nicht. aber putzig die kleinen wesen. flaeschchen geben, baeuerchen machen, windeln wechseln, einkremen und pudern – suess. 1-16 , hmm vielleicht bleibe ich ja 2 jahre und heirate dann die 18jaehrige millionaerstochter? das jobangebot reizt mich langsam. mich irritierten allerdings die angaben zum arbeitgeber. branche: sekretariats - und schreibdienste, copy-shops. das verstehe ich nicht so richtig. babysitten, haushueten und in den pausen auch noch buecher drucken und binden. ah ja, jetzt kommt's. deutschkenntnisse. ich soll also dann auch noch korrekturlesen. ich mit meiner glatten sex im diktat, ja meine lehrerin hatte schon was von so ner kleinen domina. also den job merk ich mir mal.

kuechenhilfe, schnellrestaurant. herstellung von burger king produkten. die haben produkte? ich dachte immer das waer eine hackscheibe zwischen zwei broetchenhaelften und dazu pommes zum essen. wahrscheinlich nennen die den kram, jetzt nachdem die new economie gecrashed ist, einfach nicht mehr foodware, sondern eingedeutscht produkte. komisch „pro" heisst fuer und „duce" war der italienische fuehrer mussolini, den sie dann kopfueber gegen ende des krieges gehaengt haben, damit der poebel sich abreagieren kann. der ausdruck ist wohl in dem italienischen staedchen entstanden, „fuer den fuehrer" oder als aufforderung „gebts dem fuehrer". kleingehackte italienische faschisten verarbeiten die also, deswegen kommt das fastfood so gut hier im osten bei der kahlgeschorenen jugend an. fastfood ist ja auch so ein wort. food heisst essen und fast kennen wir ja.

dementsprechend handelt es sich bei den burger king produkten fast um essen und kann damit auch von katholiken waehrend der fastenzeit unbedenklich zu sich genommen werden. fuer das bewerbungsgespraech bin ich doch schon ziemlich gut vorbereitet oder? rotationsmitarbeiter ((kuechenhelfer/in bezeichnung veraltet)). rotation kenn ich aus der physik, also hat wohl was mit dem drehen des fleischwolfs zu tun. kuechenhelfer sind diese kleinen flinken kakerlaken die die reste fressen, damit man nicht sauber machen muss. gut, also erfahrung im gastgewerbe hab ich ja. der job wird auch gemerkt.

krankenpfleger. hm, das kenn ich. hab ich ja gelernt. auch bloed, wenn man schon vorher weiss, was auf einem zu kommt. ich les besser weiter.

filialleiter spielothek. cool – ich hab mein job. geil, saufen, geld verzocken und den maedels beim billard auf den hintern und in den ausschnitt schauen. bewerbung schreib...

so jetzt muss ich dem erst mal die wohnung raeumen.

8. kapitel

das artet ja langsam in stress aus. was schreibt man in so ein achtes kapitel? 21.januar hab erst mal stundenlang in singleboersen und partnervermittlungen gesurft. schliesslich dachte ich ueberall mein profil aendern zu muessen, jetzt wo ich filialleiter einer spielothek werde. als ich aber so meine profile gelesen habe, fand ich es dann doch serioeser freier pflegegutachter drin stehen zu haben. in manchen profilen war noch pflegedienstleiter oder heimleitung oder hotelier gestanden. ich hab sogar alte profile von mir gefunden, in denen noch student steht. eigentlich ist das das einzig wirklich richtige. ich fuehle mich ja auch so und eingeschrieben bin ich ja auch – siebzehntes semester. ups – muss mich die woche noch rueckmelden, sonst komm ich nicht mehr billig in die studentendiscos rein. immatriuliert zu sein ist auch immer sinnvoll fuer guenstige kulturbesuche oder studententickets des oeffentlichen nahverkehrs. zum glueck gibt es noch bundeslaender, die keine semesteraufschlagsgebuehren fuer ewige studenten haben. die bloeden singleboersen bestehn immer zu zweidritteln oder mehr aus jungs. die maedels die mir schreiben sind auch nicht gerade die schoensten und wenn mandann als mann auch noch blechen muss fuer eine rueckemail, find ich das nicht gerade fair.

ich wohne jetzt mit unterbrechungen im neunten jahr hier. meine letzte beziehung hat auch neun jahre gedauert mit unterbrechungen. wird also zeit fuer einen klimawechsel.

heute habe ich meinen briefkasten repariert. an silvester haben irgendwelche bloedel den armen ein paar mal in die luft gejagt. der war auch total verdreckt. deswegen hat mir die postfrau wohl auch immer die post persoenlich in die hand gegeben. der kasten hat ein neues schloss bekommen und einen schoenen lilametallig anstrich. anstrich heisst es ja nicht, wenn man die farbe aus ner spuehflasche drauf spritzt. die schoene farbe hatte ich noch von meinem ersten auto, ein geiler ford taunus 2.0 ghia coupe mit 6 zylindern. hoffentlich macht mich der briefkasten jetzt nicht auch noch sentimental, dann haette ich mir ja nur einen strick reinlegen muessen, satt ihn zu lackieren.

heute sind auch meine neuen adressaufkleber gekommen fuer die pension und meine pflegeberatung. habe die sehr geschickt ohne adresse machen lassen. also nur email, domain, handy und 0700er telefonnummer, die ich bequem irgendwohin weiterleiten kann. jetzt kann ich hin und herziehen und muss nicht immer diese aufkleber wegschmeissen oder solange wohnen bleiben bis die aufgebraucht sind – voll praktisch.

heute mittag gab's ... nein, hackbraten gibt es erst heute abend... sauerkraut, kartoffel mit kassler, so ein eintopf aus dem lidl oder aldi. ich finde in den konserven ist grundsaetzlich die fleischeinlage viel zu gering bemessen. aber sonst kann man die konserven ganz gut essen, wenn man nicht mehr als eine buechse pro woche ist und die sortenvielfalt ausnutzt. so jetzt trinke ich ein kraeuter-cola cocktail. ich muss mal raus. heute am freitag ein wenig metal und gothic hoeren oder doch lieber rock und pop?

metal und gothic habe ich auf cd's, rock und pop kann ich auch auf mtv und viva hoeren. koennte mir das weggehen also sparen. mit fuenf euro kommt man auch nicht sehr weit. naja mal sehen was mein hirn zu vorangegangener stunde zu mir sagt.

da kommt daniel mit drei bier in der hand. er stellt das bier ab und sagt er kommt heute abend vorbei. gut ich stelle das bier kalt, obwohl ich nicht weiss, was mir das sagen soll: drei bier? vielleicht bringt er mir heute meine traumfrau mit vorbei oder soll ich schon mal eins vorher trinken damit es besser aufgeht? egal, ich hab zumindest fuer heute eine beschaeftigung, ich warte das bier kalt. ist doch auch ein toller sport- bierkaltwarten - oder? kann ja schon mal pop corn kreieren, etwas zerlassene butter und ordentlich salz drauf. das waers, jetzt kann er kommen.

in der zwischenzeit biere ich ein paar sprueche aus dem englischen ein:

1. ich habe zuviel blut in meinem alkoholsystem. anonym

2. die wirklichkeit ist eine illusion, die durch alkoholmangel auftritt. anonym

3. bier ist der beweis, dass gott uns liebt und uns wuenscht gluecklich zu sein. benjamin franklin

4. die groesste erfindung der menschheit ist das bier. ach, du hast recht, das rad war auch eine gute erfindung, aber wer bestellt schon ein rad zu seiner pizza? dave barry

5. warum ist das amerikanische bier kalt, wenn man es ausgeschenkt bekommt? damit man es von urin unterscheiden kann. david moulton

6. du bist nicht betrunken, wenn du auf dem boden liegen kannst ohne dich festhalten zu muessen. dekan martin

7. ein intelligenter mann ist manchmal gezwungen betrunken zu sein, um die zeit mit dummen verbringen zu koennen. ernest hemmingway

8. email und telefon sind gute moeglichkeiten mit leuten zu reden ohne ihnen ein bier ausgeben zu muessen. fran lebowitz

9. im wein liegt die wahrheit, im bier liegt die staerke und im wasser sind bakterien.

10. als ich ueber das uebel des trinken las, gab ich das lesen auf. henny youngman

11. die ganze welt ist ungefaehr drei bier hinterher. humphrey bogart

12. das problem auf der welt ist, dass die meisten menschen ein paar bier zuwenig getrunken haben. humphrey bogart

13. wenn ich manchmal ueber meinen ganzen bierkonsum nachdenke, fuehle ich mich beschaemt. dann schaue ich in mein glas und denke an die arbeiter in der brauerei und all ihre hoffnungen und traeume. wenn ich dieses bier nicht trinken wuerde, koennten sie arbeitslos werden und ihre traeume wuerden platzen. dann sag ich zu mir, es ist wichtig dieses bier zu trinken, damit ihrer traeume in erfuellung gehen. dies ist besser als meine sorgen und egoistisches denken um meine leber. jack handlich

14. geben sie mir eine frau, die bier liebt und ich erobere die welt. kaiser wilhelm

15.frau astor: „geehrter herr, wenn sie mein ehemann waeren, wuerde ich ihr bier vergiften." churchill antwortet:" auch wenn sie meine frau waeren, ich wuerde es trotzdem trinken." frau astor:" geehrter herr, sie sind betrunken!" er:" ja, bin ich. aber morgen wenn ich aufwache und nuechtern bin sind sie immer noch haesslich." frau astor zu winston churchill

16.bier, das nicht getrunken wird, hat seine berufung verfehlt. meyer breslau

17.arbeit ist der fluch der trinker. oscar wilde

18.bier zu mir. pablo picasso

19.ich kann nicht sterben, bis die regierung ein sicheren platz findet, um meine leber zu begraben. phill harris

20.das war ein kluger mann, der das bier erfunden hat. plato

21.wenn die kopfschmerzen vor dem saufen waeren, dann waer alkoholismus eine tugend. samuel butler

22.ich muss immer daran erinnern, dass ich mehr vom alkohol eingenommen habe als der alkohol von mir eingenommen hat. winston churchill

23 uhr ... 24 uhr ... 25 uhr ... 26 uhr ... ich schaue auf die uhr schon 2 hr 30. hmm, pop corn ist alle, der korn auch. war eine schoene motto party: corn & korn. man trinkt korn, isst corn und schaut zu wie die autos am fenster vorbei hinten in den club fahren. gut, wieder mal ein abend alleine gefeiert und dabei geld gespart. um genau zu sein, meine 5 euro habe ich noch immer.

9. theologie

daniel kommt. besser spaet als gar nicht. es ist kurz vor 12 am 22.01.05. er ist gestern nach den simpsons im fernsehen eingeschlafen und erst morgens wieder aufgewacht. tja, wenn freiberufler sich von ihren auftraggebern vereinnahmen lassen, dann hat man eben keine ruhe mehr. der mensch ist eben doch kaeuflich, auch wenn er selbststaendig erscheint. ich soll fuer ihn zwei disketten auf sein usb stick kopieren. ok, dann bis spaeter.

heute gabs nuernberger wuerstchen mit kartoffelbrei und den rest vom sauerkraut. mein konto ist unveraendert tief im minus. bikeline ruft an. werbung im radfuehrer mit 10% rabatt. wer nicht wirbt stirbt. also 180 euro ist doch ok fuer eine auflage von 18000 stueck. wenn nur jeder 10. bei mir uebernachtet haette ich einen ganz anstaendigen umsatz dieses jahr.

die postfrau kommt und bewundert mein lila breifkasten: ist der neu? nein ich habe ihn nur sauber gemacht. der war da drunter lila? fragt sie verwundert. ja ;-) voll verarscht. sie mich aber auch. erst freundlich tun und dann eine mahnung von der t-com mitbringen. komisch die rechnung hatte ich doch erst letzte woche ueberwiesen. wird sich damit hoffentlich erledigt haben. ein zweiter brief von der avacon, stromrechnung. ein wunder. ich habe ein guthaben von 111 euro. soll denen meine kontonummer mitteilen. waere besser die haetten das geld gleich mit in den umschlag gesteckt. waer ein toller disco samstag geworden. auch gut. also mailen. konto an die stromwerke, bikline auftragsbestaetigung, verlagsbestaetigung mir einen fragebogen zusenden zu duerfen und daniel mitteilen, dass mein rechner die disketten nicht lesen kann. das laufwerk fragt immer nur ob es die disketten formatieren darf. waere wohl nicht in seinem sinne, denke ich. so wenn ich 111 euro von den avacon zurueck bekomme, dann kann ich ja ein paar ueberweisungen taetigen. meine tollen adressaufkleber ohne adressen fuer 21,46 und mein stolzen 18. semsterbeitrag. das waer dann mein zweites semster an der uni halle. ich war im oktober voller erwartung sogar zur eroeffnungsveranstaltung. da war auch ein sehr nettes maedel:

theologin

ich hab klavier gelernt, kann klimpern
du kamst ins foyer mit tollen wimpern
dreiundfuenfzig erstsemester
was machst du an silvester?
im ersten fachsemester, doch eigentlich im siebzehnten
die professoren sprache, fleiss und lernen erwaehnten
du brauchst die sprachen nicht, studierst doch auf lehramt
dich anzusprechen trau ich mich nicht, bin ich verdammt?
es bringt mir nichts hier zu erscheinen
ich kann auch zuhause alleine weinen
vielleicht sehe ich dich auf der fete
bis dahin spar ich mir meine knete

1.23 uhr 14.10.04

10.diplom

eine akademische feier in heidelberg. schoen in den anzug gezwaengt. der festsaal sieht aus wie eine kirche mit bildern statuen und geschnitze. meine komilitonen und ich nehmen auf den kirchenbaenken platz. der oberguru, dekan soundso haelt eine rede. noch ein redner ... noch ein redner ... noch ein redner ... noch einer, es will nicht enden. auch noch eine ehrendoktorwuerde und der sack muss auch noch eine beschissene rede halten und die noch auf englisch. gaehn, schlummer, schnarch. rempler von rechts, glaube mein name ist gefallen. ich muss vorgehen, haende schuetteln und diplomurkunde einsacken. dabei immer freundlich grinsen, soll hier ja serioes wirken. der dekan soll auch mal was mit einer jungen studentin gehabt haben, hat mir meine schwester erzaehlt. seine arme ehefrau, aber so ist das eben in allen gesellschaftsschichten. so, das wars. jetzt feiern wir unter uns, sektchen trinken und butterbrezeln futtern. sektruelpser. ach, noch eine kleine tagung, also weiter, in heidelberg liegt in der altstadt ja alles dicht an dicht. hier war ich auch mal nachtwaechter in so einem hotel. stunden spaeter soll dann auch noch ein richtiger empfang sein. das buffett auf dem empfang ist super geil. das bier ist leider lau und wenig. 3 flaschen auf dem ganzen getraenkebuffet. komisch. hab mir gleich mal eine geschnappt und

eine zweite fuer spaeter hinter den weinflaschen versteckt. mampf ist das gut. bier schluerf, nachtisch hol, eis, laugengebaeck, mein verstecktes bier trink. leer. ah der koch bringt nochmal ein paar bierchen zum buffett. jetzt aber schnell durch die leute an den tischen vorbei quetschen. zack, andere sind auch nicht doof. ein aelterer herr mit hochrotem kopf. wahrscheinlich entzugserscheinungen hechtet ebenfalls zum getraenkestand. gleichzeitig dort angekommen, der saftsack greift sich gleich zwei flaschen und ich bekomm nur eine ab. scheisse, aber schoen kalt. so das wars dann – akademische feier. bier alle. ich muss los. kurz noch mein kostuem wechseln. runter aufs klo. den anzug in eine plastetuete zur diplomurkunde gequetscht. und ich im stolzen metaleroutfit mit siebenbuergen t-shirt. da ist ein nettes maedel drauf, die so von unten nach oben schaut und vampirzaehnchen im blutverschmierten mund hat.

schwimmbadclub, mittwochs dj jochen, das muss sein, wenn ich schon mal in rhein-neckar bin. peter und ingo kommen auch. den gardrobisten muss ich erst mal auf die wichtigkeit meiner plastiktuete hinweisen, da stecken immerhin 2jahre harte arbeit drin – meine diplourkunde, naja ist ja schon meine zweite. meine schwester sagt immer three degreed, weil ich ein berufsabschluss, ein fachhochschuldiplom und ein universitaetsdiplom habe. kurz angeb. ich bin selbstaendig oder freiberufler oder auf neudeutsch eben einfach arbeitslos. so jetzt wird erst mal mit meinen kumpels gefeiert. man sind die maedels wieder nett anzusehen. alle so schoen schwarz. ich liebe die gothikparties. wir qualmen genuesslich zigarren und trinken ein bier nach dem anderen. ich habe ausgerechnen, dass weizenbier billiger ist, also bin ich eben gerade mal umgestiegen. unser bierothekarin ist zu anfang ganz schoen durcheinander gekommen, aber mit der zeit hat sie es kapiert. so viele alte bekannte gesichter, die ich noch aus den fruehen neunzigern von meinen mannheimer touren her kannte. komisch sogar halb ludwigshafen ist heute da. wahrscheinlich wollen die alle mit feiern, wo ich jetzt mit so hohen ehren bedacht bin. einfach ein toller abend.

wie doof muss man sein, um auf den tod zu warten, sprach ein lemming zum anderen. ja, ein schoener tag zum sterben, entgegenet dieser.

heidelberg

heidelberg du schoener ort
bald muss ich von dir fort
ich habe meinen dritten abschluss gemacht
da traf ich dich im schwimmbad-club bei nacht
ich kannte dich aus dem climax in ludwigshafen
leider muss ich morgen zurueck zu meinen schafen
wir holten gemeinsam zigaretten
setzten uns in den kleinen wagen
wir hatten sitze und keine betten
an deinem halse durfte ich nagen
ich wollte dich ein wenig reizen
da hast du mir von tangina berichtet
fuer sie habe ich noch nicht gedichtet
die bierothekarin gab uns nur weizen
du warst mir noch nie so nah
wie schoen, monika war auch da
warum liesst du dein freund zu hause?
sag bescheid, macht ihr eine pause?
es war ein wunderschoener gelungener tag
auch du weisst, dass ich alle damen mag
16.10   27.07.04

11.bewerbung

so habe mich dann doch nochmal als krankenpfleger beworben. das drk in schoenebeck sucht jemanden. praktischerweise haben die eine emailadresse angegeben, so spar ich mir das porto. in calbe wird auch jemand gesucht, aber am ersten tag der inseratseinstellung schon 43 zugriffe. bei passau in bayern suchen sie einen pflegelehrer fuer die altenpflege. richtung paedagogik wuerde mich auch interessieren. leider antworten die meist, dass ein wirtschaftlicher und ein wissenschaftlicher abschluss nicht ausreicht. probieren kann ich es ja trotzdem mal.

hab heute in der zeitung von einem kollegen gelesen, der macht schon die zweite filiale auf. so ein arsch, bei mir wegen kohle rumdrucksen und dann fett investieren. naja, er ist eben ein macher. ich goenns ihm ja. wer zuviel nachdenkt, wird einfach nix leisten. ist irgdenwie von schiller, glaub ich, aber da hat er ja auch recht.

habe mal meinen alkoholkonsum der letzten woche resuemiert. liege gut unter den obergrenzen. teilweise habe ich sogar weniger als die haelfte getrunken. habe anfang dezember mit 30 bis 35 bier pro woche angefangen und bin diese woche bei 14. vielleicht klappt es ja mit der weiteren reduktion. nach moeglichkeit will ich unter der woche nur noch ein bierchen abends zum fernsehen.

freitag oder samstags weggehen und dabei normal trinken und mittwochs und sonntags ganz abstinent sein. ich denke naemlich, dass der einstieg ins berufsleben durch den viel zu starken alkoholkonsum ziemlich beeintraechtigt werden wuerde. zum april muesste ich dann also fit sein. hoffe dann auch eine perspektive auf einen job zu haben, sonst gibt's bestimmt einen herben rueckschlag.

so jetzt mache ich mir erst mal einen hamburger. natuerlich mach ich den auf meine ganz spezielle art mit einer scheibe kaese und paprikasalami. sonst kommt da auch noch ein omlette und camonbert mit drauf, aber ein wenig zurueckhaltung bei der nahrungsaufnahme kann mir nicht schaden. trinke tagsueber ja nur tee mit suesstoff oder leitungswasser. nur morgens da brauche ich meine tasse kaffee und ein glas fruchtsaft.

ich darf den volksentscheit heute nicht vergessen. es geht irgendwie um vermehrte kinderbetreuungsplaetze fuer nicht berufstaetige oder arbeitslose erziehende. wenn ich kinder haette, die ich nunmal nicht habe, dann koennte ich die auch betreuuen solange ich kein job habe. die paar stunden fuer meine bewerbungen und internetjobsuche wuerden die mir wohl oder uebel eruebrigen. ausserdem koennen sich ja auch ein paar leute zusammen tun und ab und zu gegenseitig auf die kinder aufpassen. da ist etwas eigeninitiative gefragt, das land und der staat koennen nicht fuer alles verantwortlich gemacht werden, wenn wir nicht eines tages 95% steuern bezahlen wollen. ich glaube auch, dass wir in sachsen-anhalt noch verhaeltnismaessig gut mit betreuungsplaetzen versorgt sind, im gegensatz zu anderen bundeslaendern. bei so einem volksentscheit kuemmert sich doch auch keiner um die daraus enstehenden kosten. aber so

46

sind wir menschen, wir wollen immer alles und selbst keine verantwortung tragen. darf ich eigentlich mitstimmen, wenn ich gar keine kinder habe? naja, die entscheidung gilt ja fuer die zukunft und da kann die sache schon ganz anders aussehen. hoffen wir mal, dass es trotzdem in zukunft wieder mehr kinder geben wird. allen gleiche bildungchancen, mehr unternehmerisches denken und viel mehr macher. nochmal glueckwunsch zur zweiten filiale. in einer viertel stunde kommen die schafe wieder in den stall. ich werde noch einemal meine sonntaeglichen email checken und dann kann ich ja abstimmen gehen.

chaos vs. nihil

ich denke, also bin ich!
doch da ich denken kann
bin ich im nirgendwo

0.38   24.06.04

12.camping

neulich war mal wieder so besoffen, dass ich ein paar runden mit dem wagen drehen musste. freitags passt eigentlich nur das music zelt in koethen. da spielen sie noch etwas dark. die taschen hatte ich auch noch voller klimpergeld. auch dort trinken die meisten cola-wiskey, weil der dort freitags nur 50 cent kostet. fuer mich muss der quatsch aber nicht sein. also erst mal ein grosses pils bestellen. ich bin alos zur bardame gejumped um mir mein leckerli abzuholen. ich haette da gerne ein grosses pils, bitte. bitte was? fragt mich die alkoholverkaufsfrau. aeh, ja ein grosses bier, bitte. ach so, die im osten verstehen ja pils nicht. hier gabs ja einheitlich einfach nur bier und das war immer nach pilsner brauart. sollte ich mal im westen versuchen einfach nur ein bier zu bestellen, dann zaehlt mir die bardame alle moeglichen sorten von der karte auf. ein paar bierchen spaeter hab ich dann ein bisschen das hueftbein geschwungen. dann stand ich etwas am rande der tanzflaeche und habe mir die netten tanzenden maedels betrachtet. rhythmus haben die hier ja nicht, aber diese unbeholfenheit die richtigen schritte zu finden hat auch irgendwie was suesses bei den kleinen. doch dann naehert sich mir eine junge dame, nicht gerade die haesslichste, und spricht mich seitwaerts an. hallo, wir kennen uns doch vom club. ach ja? die zeiten wo mein erotisches aussehen und tolles tanzen ausgereicht haben, dass mich maedels ansprechen sind schon ein weilchen vorbei. also muss dies wohl so sein. kommst du mit zu uns rueber? nein, besser nicht, ich habe angst vor menschen. wir sind nur zu zweit komm mit. na gut, aber komisch die hat ja ein typ dabei und schleppt mich mit rueber? wer weiss was das soll. der junge herr stellt sich mir mit haendedruck vor. wir quatschen eine zeit lang zu dritt. er ist fuehrer eines lastkraftwagens. genau wie ich, ich bin auch der lenker meiner laster. naja, noch habe ich sie ja nicht in griff, aber nach meinem kontrollierten versuch. ich gebe den beiden kindern erst mal was aus. die trinken sambucca und das auch noch ohne kaffeebohne drin. sie arbeitet als kauffrau bei einem metallunternehmen. toll eine metallerin, habe ich eigentlich mein siebenbuergen tshirt an? keine ahnung, kann auch mein beerfetish shirt sein. ist ja auch egal, ich trink erst mal ein sambucca mit. man will ja auch nicht unhoefflich sein, wenn man sich schon dazustellen darf. sie ist auf alkoholfrei umgestiegen. wahrscheinlich will die mir damit sagen, dass ich zuviel trinke – oder? mir doch wurscht, ich geh erst mal wieder etwas tanzen. doch dann irgendwann merke ich, so richtig geht das nicht mehr. also muss ich mich an so eine zeltstange anlehnen, die um die tanzflaeche stehen. das maedel schwenkt auch sehr nett ihren allerwertesten vor mir hin und her. huebsch, vielleicht nehmen die mich mit nach hause. dann lass ich meinen wagen hier stehen. kann ihn ja morgen mit daniel holen.

take me home baby

ich glaube, griechisch fisch
ich sass noch nie mit dir zu tisch
bedenke, ich esse keinen barsch
du hast einen tollen frauenarsch
du faehrst einen kleinen clio
gemeinsam urlaub in rio?
ich kenne dich vom bernabeum
und nicht wie andere aus dem musem
wie klein ist die welt
ich traf dich im zelt
du warst mit ihm dort
ist dies dein besonderer held?
du brachtest mich zum pissdorfer ort
ich spendierte euch, ihr hattet kein geld
ich mag dich, so wie gott dich schuf
kauffrau, sagtes du, sei dein beruf
einundzwanzig jahre alt
hoffentlich sehe ich dich wieder bald
danke fuers nach hause fahren
jetzt werd ich dran denken noch in jahren
03.06.04

13.nivea

ja, gut, eingecremt habe ich mich heute morgen auch. aber die ueberschrift steht lateinisch mehr fuer den vielen schnee draussen. hat wohl die ganze nacht durchgeschneit. habe schon mal den weg von der strasse bis zum briefkasten geraeumt, sonst setzt sich meine postfrau wieder unverrichteter dinge mit ihrer familie vor den kamin zu hause. die schafe rennen wie bloede im kreis durch den schnee, nachdem die stundenlang an den garagen sitzend sich einschneien lassen haben. hat aufgehoert und die sonne kommt durch. die freuen sich wohl, dass endlich sommer wird.

gestern war wieder ein harter tag fuer mich. sonntag, ich musste abstinent bleiben. man hatte ich einen durst. habe glaube drei kannen tee getrunken, jetzt sind auch noch die teebeutel alle. abends habe ich mir dann ein schoens blech pizza gemacht. tja und wenn man nicht trinken darf und die pizza so gut ist, man die pizza so gut isst. fuenf stueck, dann hatte ich bauchweh, aber ich musste mich ja von meinem alkoholdurst ablenken. im fernsehen war auch nur scheiss, ich hab stunden lang nur hin und hergeschaltet. also noch ein kleines vanilleis, dann noch eine schuessel cornflakes und ein kakao. zum schreiben hatte ich gestern abend dann auch keinen bock. tagsueber kann man nuechtern schreiben. nachts konnte ich immer ganz gut im vollrausch bilder malen oder alkoholikergedichte schreiben. dies jahr war ich noch nicht richtig zu und habe auch irgendwie keine so richtige lust dazu. vielleicht doch ein bierchen? die drei vom daniel stehen ja im kuehlschrank, die habe ich richtig kaltgewartet. nein, nein, ich muss mich beherrschen. bin dann doch noch rechtzeitig bevor ich schwach wurde ins bett.

gleich vier, dann werden die schafe von daniels eltern wieder eingestallt. im sommer duerfen die auch laenger auf bleiben, aber im winter sind die leichte beute, weil man die im schnee so gut sieht. da die leute hier im dorf kein geld mehr fuer hundefutter haben, lassen die ihre bestien schon mal abends alleine sich ihre nahrung jagen. wir hatten hier insegesammt fuenf schafe. am anfang waren es drei. ein schwarzer bock scrapie und zwei maedels. die eine heisst schwarzwaldmaedel und die andere murmeltier. der bock wurde von einem nachbarn eingesackt, weil der die leute angefallen hat. die maedels haben dann noch zwei kleine maedels bekommen, pinsel und melli. dann vor zwei jahren hat sich so ein koeter erst murmeltier und spaeter dann noch melli geholt. seit dem laufen nur noch die zwei schwarz-grauen schafe hier rum und muessen abends in den stall. schwarzwaldmaedel und pinsel sind freilaufend, also haben keinen zaun oder so. die bleiben trotzdem hier auf dem grundstueck, weil sie hier abends zugefuettert werden. die wiese muessen die sich mit einem gaul aus der nachbarschaft teilen. wenn der druchdreht dann rennen die einfach unter seinem koppelzaun durch und sind in sicherheit. der gaul scheint im stall zu sein. bei schlechtem wetter, wohl auch bei schnee lassen die leute den gar nicht raus auf die koppel. jetzt weiss ich's wieder, bruno heisst der gaul. man, den muestest du mal sehen, wenn gegenueber auf der anderen koppel die zwei stuten sind. dann trabt bruno am zaun mit erhobenen kopf, den pferdeschwanz auch hochgestellt, sehr aestetisch auf und nieder. dazu wiehert er immer wieder. doch die beiden beachten ihn gar nicht und fressen einfach weiter. manchmal schaut die eine dann zu ihm rueber und er faengt wieder mit seinem majestetischem gang an. so aehnlich fuel ich mich auch immer in der disco, die weiber haben einen halt voll in der hand.

daniel kommt mit seinem sportflitzer. seh ich schon von weitem auf dem monitor, ist ja alles kameraueberwacht bei mir. zehntausendquadratmeter, vier einfahrten, zig garagen und ein paar abbruchgebaude kann man anders nicht in den griff bekommen vor den verwahrlosten kindern im dorf. daniel erzaehlt von der schlange vor der disco am samstag, die ihn veranlasste nicht reinzugehen. dann noch von einem schwedischen depressiven film, den er sich mit einem kumpel angeschaut hat. aber wozu depressive filme ansehen, wenn man auch solche buecher wie dieses bekommt ;-? er holt sein usb stick und die disketten ab, die ich ausnahmsweise nicht formatiert habe. wir quatschen. die neue bibliothek der magdeburger universitaet ist total der prunkbau. er hat am sonntag fuer die kinderbetreuung von arbeitslosen gestimmt. was sollen wir uns streiten, wir haben beide weder freundin, noch familie, geschweige denn kinder. seine eltern laufen am fenster vorbei und bringen ihre schaefchen ins trockne. wuerde auch gerne meine schaefchen ins trockne bringen, hab ja schon mehrere mausefallen aufgestellt, aber ich mach damit einfach keine maeuse. sie winken ihm beim gehen. daniel liest noch meine ausgedruckten jobangebote und lacht sich halb tod und haelt raumpfleger und wissenschaftliche hilfskraft hoch. keine ahnung was er daran komisch findet. clown habe ich ja unter 67059 nicht gefunden und so gut waere ich am anfang wohl auch nicht. ich muss da erst mal aus dieser komischen lang andauernden phase raus. er muss gehen noch ein wenig fuer seine sklaventreiber arbeiten, aber vielleicht kommt er spaeter nochmal, mit mir sein bier zu trinken.

jetzt habe ich extra heute mittag schnee geschippt und die bloede postfrau ist nicht vorbei gekommen. ich schaue mir die simpsons im fernsehen an. homer wird der apfelmusriegelmann und erklimmt den hoechsten berg springfields. die folge kenn ich schon. ich glaube ich kenne alle folgen. zum abend mache ich mir ein zwei stueck pizza. habe ja noch genug von meiner eingefrorenen, aber frisch schmecken die immer noch besser. ein glas jim beam mit cola, zwei eiswuerfel. nach der tagesschau laeft nix im tv.

angst

ich habe angst vorm schlafe

so wie meine beiden schafe

vor den bissigen hunden

die laufen nachts ihre runden

ich habe angst vor schlimmen traeumen

und davor im schlaf zeit zu versaeumen

am liebsten waer ich immer wach

ohne stille, keine ruhe, etwas krach

meine augen darf ich nicht schliessen

dann die wildesten phantasien spriessen

vielleicht erloest mich eines tages der tod

vor dieser angst und der muedigkeit not

3.16 3.5.4

14.hof

neulich war ich im pissdorfer hof. habe extra hinter der sparkasse geparkt, von da komme ich hintenrum nach hause. musste noch geld abheben, um einen zu heben. man erkennt immer recht einfach, wenn was im hof los ist. die lichtorgel scheint durchs fenster und musik dringt nach draussen. einige kinder taumeln vor der kneipe rum. das bier ist hier sehr klein, aber kostet auch nur ein euro dreissig. bin hier auch recht schnell ins gespraech gekommen mit ein paar jungs. ich kannte ein paar, mit denen war ich mal im bernabeaum. wir haben schoen gebechert. dann seh ich den depp, der noch bei mir schulden hat wegen der garagenmiete. der klaut auch strom bei mir. der sieht mich und versucht sich hinter ein paar leuten zu verstecken, aber ich gehe zu ihm hin. wir haben ein paar probleme miteinander, sage ich zu ihm. ja, ja, du bekommst bald geld von mir. er bestellt mir ein bier. so regelt man das hier auf dem dorf. die saalebraut ist auch da und bewegt sich huebsch. ich haenge mein glas an den kleiderstaender und versuch mich auch ein wenig zu bewegen. geht noch ganz gut. dann kommt so ein grosses pikelface und raempelt mich beim tanzen ein paar mal an. er scheint spass daran zu haben. ich verwarne ihn drei mal. dann geh ich mit ihm vor die tuer. seine zwei freunde gehen mit. ich sag noch zu denen, immer einer nach dem anderen, so stark sei ich auch nicht. wir quatschen eine weile darueber, dass wir eigentlich keinen bock haben uns zu pruegeln. dann gehen wir an die bar und ich geb ihm ein bier aus. dann kommt so eine kleine, na eigentlich ist die gar nicht so klein, auf mich zu und sagt hallo. das maedel laechelt mich an und gibt mir die hand. das mit dem haende geben ist hier im osten so ueblich, nicht nur unter erwachsenen. kinder, die denken sie waeren in einer ganz tollen gang, clique oder gruppe, die geben sich dann auch ganz individuell die hand. also nicht individuell, sondern eher gruppenzwangspeziefisch. irgendwoher kenn ich sie. vielleicht weiss sie es. ja, sie erzaehlt vom club und vom kaiser. ist ja nicht schlecht ein wenig gekannt zu werden.

irgendwo hatte ich doch noch ein bier? ach ja, dort am kleiderhaken. ich hol mir mein bier und stell mich an die tanzflaeche maedels beim tanzen betrachten. es fliesst heute super und ich hol mir noch eins an der bar. der typ, dem ich den billardtisch geschenkt habe gibt mir einen cocktail namens orgasmus aus und fragt mich nach zigarretten. hab leider keine und biete ihm mein auto an. er scheint relativ nuechtern zu sein und faehrt. wir holen an der tankstelle zigarretten. die tanke ist fuenfzehn kilometer weg. wir kommen zurueck in den hof und seine freundin ist weg. also sind wir nochmal los und er hat sie bei irgendeinem typ gesucht, aber nicht gefunden. ich glaube die sind heute auch nicht mehr zusammen.

blond

schoenes kind du sagtest im hof hallo

ich sprach, ich kenn dich von irgendwo

du meintest, aus dem club und von mark

ok, denk ich und bestell mir nicht den sarg

ich sagte, schoen dich wieder zu sehen

dachte, es ist zu frueh um mit dir zu gehen

du bist zu blond, zu duenn, zu gross

vielleicht nur zum cerberos mein floss?

du laecheltest mich mit grossen augen an

und dachtest, was ist das fuer ein dicker mann

bezaubernd hast du mich angestrahlt

ich habe von dir noch kein bild gemalt.

17.30   24.05.04

15.echsen

daniel kommt vorbei. wir trinken seine drei von mir kaltgewarteten biere. wir schauen eine folge ueber die teuerung der preise in gastsstaetten seit der einnfuehrung des euro. auch die sendung kenne ich schon. das ist halt so, wenn man seit jahren am tag fuenf bis acht sunden tv guckt, weil sonst nichts zu tun ist. zu den meisten sendungen weiss ich auch das produktionsjahr oder das jahr der erstausstrahlung. manches was die wiederholen ist so veraltet, dass die sich schaemen sollten, weil die getroffenen aussagen einfach ueberholt sind. sechzig prozent haben fuer betreungsplaetze fuer kindern von arbeitslosen gestimmt. das gesetz kommt trotzdem nicht zustande, weil zu wenig zur wahl gegangen sind. daniel brueskiert sich ueber die immer schlechter werdende welt. schwachsinn. jetzt wo seine politiker in sachsen-anhalt in der opposition sind, will er dass 40.000.000 euro mehr ausgegeben werden ohne zu sagen woher das geld genommen werden soll. bei nicht untermauerten aussagen brauch ich nicht diskutieren und schluerf an meinem naechsten cocktail. zwei darf ich heute noch. er bekommt den eingang eine email per sms gemeldet. ich lass ihn an den pc, denn dies ist eine reaktion auf seine bewerbung bei einem grosskonzern in hamburg. er hat ein bewerbungsgespraech naechste woche. wir diskutieren. ich

will nicht wirklich nach hamburg, eigentlich nur wegen meiner ex, sagt er. ganz schoen kaput, einigen wir uns. jetzt wo er doch auch am baggern bei einer netten russin ist, die in halle studiert. die beiden waren auch schon ein paar mal miteinander aus, aber so richtig traut er sich auch nicht. es ist eben doch ein groesserer schritt vom anbaendeln bis zu einer beziehung. will man die freiheiten des singledaseins in dem moment dann wirklich aufgeben? daniel hat am wochenende auch einer jungen aerztin auf eine chiffreanzeige geantwortet. ich habe bisher nur ab und zu mal anzeigen aufgegeben, allerdings mit verschwindend geringer resonanz. das waren ja nette gespraeche, aber irgendwie verlaeuft sich das dann immer. die einen moegen mich nicht und die anderen mag ich nicht. passt einfach nicht zusammen. auf eine anzeige geantwortet habe ich bisher noch nicht. daniel muss nach hause, schliesslich ist morgen wieder arbeitstag fuer ihn. er schaut sich nochmal mein foto von natallia aus weissrussland an. bei einer professionellen partnervermittlung im internet habe ich ihr bild runtergeladen. eine kontaktaufnahme kostet dreitausend euro fuer die vermittler in deutschland plus tausend euro fuer die in belarus und dann die gegenseitigen reise- und kennenlernkosten. jetzt haengt sie bei mir an der wand und ich spare. vierzehn euro fuenfunddreissig habe ich schon zusammen.

ich surfe ein wenig im netz mit lauter musik dazu. es gibt doch noch gratis partnerplattformen. da ist eine die heisst findmich.net und dort kann man sich fotoalben der maedels ansehen. ist eine nette beschaeftigung. warum ich keiner schreibe? ich weiss es nicht. vielleicht habe ich angst, vielleicht fehlen auch nur die richtigen worte. frueher hab ich mal versucht zu chatten, aber irgendwie ziehen die maedels sich nach einiger zeit doch zurueck. ich muss fuer die wohl unverstaendlich schreiben und zuviel ueber mich offenbaren, nehme ich an. hmm - ich such mir mal die anzeige der jungen aerztin im netz raus. die meisten tageszeitungen bieten ihre gedruckten informationen mit einem tag verzoegerung im netz an. ach, da ist sie ja schon. zureckhaltend, naturverbunden, interesse fuer theater und buecher, astronomie, philosophie, klassische sowie moderne musik. liest sich recht interessant. natur haben wir hier. ins theater kann sie mit daniel gehen und mit ihm ueber astronomie reden und neue sterne entdecken. dann kann sie meine buecher lesen und wir koennen darueber philosophieren. klassische musik kann sie bei daniel im ponyhof hoeren und die moderne bei mir im streichdamm. koennte ihr ja mal mein letztes buch zusenden, dann weiss sie auch gleich was mir fuer ein scheiss den ganzen tag durch den kopf geht. nein, ich bin kein kameradenschwein. koennte ihr auch ein paar dinge ueber daniel erzaehlen, das macht ihn interessant fuer sie. junge frauen bekommen auf ihre anzeigen im schnitt um die 100 antworten, ich konnte damals froh sein, wenn mir vier maedels zurueckgeschrieben haben. ich sollte mich nicht um fremde chiffreanzeigen kuemmern. ein job waer ja schliesslich auch nicht schlecht. was meinst du natallia? ich soll ins bett? nagut, wenn du das sagst, morgen ist ja auch noch ein tag. vielleicht sollte ich im schlafzimmer auch ein foto von dir aufhaengen, dann komme ich sicher besser aus meinem nichtstun raus. obwohl, die stete erinnerung an ein maedel kann einem auch die idee der gluecklichen familie versauen. ich sollte mich mehr um mein singledasein kuemmern und es pflegen. vom alkohol los

zukommen, heisst noch lange nicht mit dir zusammenzukommen –
stimmt's? welch sinn macht das dann, nicht fuer eine frau, nicht
fuer ein job. fuer meine gesundheit? spinnst du? ich will doch nicht
ewig leben. bei dem leben. so leichtes stetiges suicidieren durch
alkohol und gefaehrliche fahrweise brauche ich schon. zumindest
bis das leben an sich mich wieder erfuellt. oder? natallia sagt, ich
soll nicht so eine scheiss depressive stimmung verbreiten.
schliesslich geht es mir noch relativ gut. ich hab ein dach ueber
dem kopf, in dem haus geht auch die heizung noch und ab und zu
kommt sogar warmes wasser aus dem hahn. verhungern muss ich
auch noch nicht und was „rechnungen" bedeutet, weiss natallia
noch nicht. eigentlich hat sie recht.

eiscream

natallia du schautest mich lieb an
grosse augen zweidimensional
pop-up, ein dialer das ist normal
find ich dein link wieder irgendwann?

zufaellig fand ich dein bild wieder
das herz sprang, der kopf sang lieder

die agentur will dafuer bares sehen
ich mit dir ueber den roten platz gehen

doch wer dichtet hat kein geld
was fuer eine beschissne welt

dich zu sehen bin ich entmuendigt
nicht mal auf dem flatscreen
t-com hat mir den anschluss gekuendigt
dann ess ich eben eiscream

14.10.04

16.buch

heute ist der fuenfundzwanzigste erste zweitausendfuenf. ich trink erst mal ein pott kaffee. draussen schnee, ich muss schnee schippen, die postfrau koennte ja kommen. fertig, eine tasse heissen tee. ins internet, emails checken. strom in ludwigshafen ist umgemeldet, schreibt das twl. einladung vom adfc wegen radfreundlicher unterkuenfte nach barby. ist ein ort an der muendung der saaleseite und da kommen nicht diese puppen her. meine schwester schreibt aus sued afrika, dass sich der anfang dieses buches, den ich ihr geschickt habe, ganz gut liest. dies ermutigt mich doch weiter hieran zu arbeiten. arbeit kann man es ja nicht nennen. beschaeftigung eines freiberuflichen alkoholikers mit drei abschluessen ohne kohle. aber beschaeftigung zu der man sich zwingen muss, ist wohl doch arbeit. meine tshirts sind alle, ich muss waesche waschen. alle zwei wochen ist kochwaesche dran, heute weiss- und buntwaesche. dann mache ich mir wieder zwei stueck pizza zum mittagessen. ich surf im netz ueber diverse verlage und seiten ueber hilfestellungen fuer angehende autoren. die deutsche sprache soll man koennen oder zumindest lernen. in deutsch hatte ich immer vierer, ab und zu sogar schlechter, im abitur hat es noch zu einer drei gereicht. was soll ich lernen, rechtschreibung ging noch nie in mein kopf, grammatik ist auch nicht mein ding. du siehst ja wie ich schreibe, ist doch auch egal. mein letztes buch war eine wissenschaftliche diplomarbeit zum thema gewissen. ist heute auf verkaufsrang 1394700. daniels eltern sperren die schafe weg. die postfrau ist nicht gekommen. die waesche ist fertig und ich steck sie in den trockner. die strickjacken haeng ich so auf, denn die werden immer kleiner, jetzt passen sie gerade noch so. weichspueler ist leer, ich schreib's auf den einkaufszettel, der wohl bis zum sommer warten muss erledigt zu werden. sechzehn uhr fuenfunddreissig, ich hoere musik ueber meine anlage. habe zu weihnachten naemlich einen dvd player geschenkt bekommen. fuer die party an silvester habe ich dann noch ein surroundboxen system gekauft. der klang ist viel besser als frueher. ich sollte ein paar dinge auf ebay versteigern um an geld zu kommen. manche leute koennen ja noch was mit defekter elektronik anfangen koennen. ich schlepp mir mein shisha-sessel aus dem wintergarten in meine bar. er ist bequemer und ich denke dann fluessiger schreiben zu koennen. meine bar ist auch gleichzeitig mein buero und aufenthaltszimmer. hier stelle ich immer alles rein, wenn ich nicht gerade in magdeburg oder ludwigshafen wohne. es ist alles bereit zum abtransport. bett, zweiplattenherd und kleinen tragbaren kuehlschrank, sowie geschirr und toepfe habe ich drueben im eingefrorenen haus bereit stehen. muss sich nur noch ein job bei mir melden, dann wird alles ins auto gepackt und es geht los, verantwortung zu uebernehmen. bin immer auf'm sprung, immer bereit, oft breit. warten, ungewissheit, keine kohle, dass zermuerbt einen. aber, habe ich die wahl? nein – ich muss hier einfach durch. einfach ist gut. die schafe wissen auch nicht, was sie hier auf der welt sollen. sie wollen und das den ganzen tag. braucht kein schwein, die verfilzte wolle von zwei schwarz-grauen schafen. ich will auch den ganzen tag. braucht kein schwein, den verfilzten willen eines dunkelblond-grauen arschs.

ich glaube ich koche mir etwas. sonst langweile ich mich noch waerend des schreibens tot. pizza hatten ich schon zu mittag, den hackbraten hatte ich vor ein paar tagen aufgegessen. waere mal wieder fisch dran. ich hasse fisch, aber wenn er mich nicht anschaut, dann geht's und man soll ja ab und zu fisch essen. ich haette nicht so oft zu ernaehrungskunde waerend des studiums gehen sollen. etwas reis und buttergemuese dazu. den reis dann mit kaese ueberbacken. die panade mache ich ab, nachdem ich den fisch in einem halben stueck butter angebrutzelt habe und mayonaise ueber den alaska seelachs. fuer die figur dann doch noch etwas ketchup ueber den kaesereis, schmeckt auch besser. dann brauche ich auch kein eis nach dem abendessen. von wegen, nachdem ich die getrocknete waesche zusammengelegt habe, mache ich mir waerend der simpson pause doch ein grosses bourbon vanilleeis. dazu wirkt ein selbstgebrautes kuschelbier.de ® super abfuehrend. bei mir nicht, mein magen ist resistend gegen fast alles. wieder blut im stuhl waere scheisse.

geschenk

warum bin ich?

ein geschenk?

ich will es nicht!

kann nicht ein anderer statt meiner sein?

was soll ich?

meine aufgabe?

mein ziel?

ich weiss es nicht!

ein geschenk?

so fest verschnuert!

unwissend!

nicht zu oeffnen!

eine strafe!

fuer was?

19.47   02.06.04

17.tagesschau

kann ich meine liebe auf nur eine frau beschraenken? so oft wie ich mich in nette maedel vergucke, scheint dies doch nicht funktionieren zu koennen. mal liebe ich die eine in der disco, dann die andere an der bar, das maedel an der kasse, in der bibliothek, die vom strand. aber es gibt einige fixpunkte, maedels, die ich schon oefters gesehen oder getroffen habe. frauen fuer die ich mehr oder weniger dichte, ist das liebe? ist das wuenschen oder traeumen? nein – sie sind nur inspiration. oder doch liebe, ich weiss es nicht, ich mach einfach was ich fuer mich richtig halte. dichten ist einfacher als ansprechen. vor allem ist es sicherer, man spart sich die reaktion vor der man doch so angst hat. gleich kommt die tagesschau, ich hol mir noch ein selbstgebrautes, aber davor muss ich, nach meinen neuen trinkregeln, noch ein grosses glas wasser trinken. frueher hab ich nie was getrunken, wo fische drin ficken, aber frueher hab ich ja auch kein fisch gegessen. man gewoehnt sich an fast alles. so die musik wieder lauter stellen, tagesschau ist vorbei. im irak foltert die polizei. ein schiedsrichter hat spiele manipuliert und daruf gewettet. rice wird aussenministerin der usa und in deutschland ueberlegt man das versammlungsrecht zu verschaerfen, da die nazis das dritte reich beschoenigen und verherrlichen. fast ein schoener tag heute. keine kriege und auch keine naturkatastrophen. so ich trink noch ein schluck, mir faellt auch nix mehr ein, um es hier zu pamphletieren. den abend erst mal zum kreativen abusus nutzen, denn morgen ist mein erster unterderwoche-abstinenttag. ja das leben wird haerter, das waer was fuer die tagesschau. mein morgiges gezitter, meinen schweissausbruch und mein weisse maeuse sehen. ich nehm es mir einfach mal vor. mal sehen.

ledig

liebe muss was schoenes sein

wahrscheinlich wie ein guter wein

sex ist dagegen leider nur wie bier

eines unserer suechte die haben wir

doch gegen suechte kann man nichts machen

da koenne verliebte paerchen nur drueber lachen

sex, drugs and rockn `n roll

sind auf jeder singleparty toll

wir geniessen sex und bier eben ledig

schliesslich leben wir auch nicht ewig

sollen sich die paerchen streiten und zanken

um uns singles interessantere geruechte ranken

ich liebe alle, ob schwarz, blond oder braun

ich liebe alle maedchen und alle schoenen fraun

16.05   29.04.04

18.kapitel

hmm – und was schreibe ich ins achtzehnte kapitel? achtzehn leute wollten bei mir silvester feiern. silvester habe ich also wieder gross gefeiert in meiner pension. die gruppe war schon mal vor zwei jahren hier. im september hatten die angefragt. vollverpflegung mit getraenken und uebernachtung. zehn leute bei mir in der pension und sechs leute im nebenhaus. ja, ich habe denen rechtzeitig gesagt, dass sie heizluefter mitbringen muessen. ein paerchen wollte noch in der nacht nach hause fahren. zum glueck haben die alle im oktober bezahlt, sonst waere ich wahrscheinlich schon im dezember verhungert. den alkohol habe ich natuerlich sofort nach geldeingang besorgt. leider musste ich dies fast alle zwei wochen wiederholen. vermutlich verdunstet. von meiner musikanlage, die ich extra fuer silvester besorgt habe, habe ich schon berichtet. ein bier glasspuehler habe ich auch gekauft und noch vier lichtschlaeuche. ausserdem habe ich noch zwoelf neue hasseroeder glaeser auf ebay ersteigert. eintrittskarten habe ich entworfen und denen zugesandt.

zehn tage vor weihnachten bin ich dann von hier abgehauen und zu meiner mutter nach pforzheim gefahren. natuerlich war ich rechtzeitig mittwochs da, um nachts mit meinen kumpels noch in den schwimmbadclub nach heidelberg zu fahren.

es gibt einfach ein paar feste termine, die man einhalten muss, wenn man in der naehe ist. dann kam meine kleine schwester mit ihrem freund aus sued afrika, also musste ich zu meiner anderen schwester nach karlsruhe umziehen. meine mutter und ich haben

71

fuer den besuch aus der ferne nach pforzheim extra ein leichtbier besorgt. mich hat es beim einkauf schon gegraut, aber der arme junge hat es mit der leber. der typ hat den braumist richtigerweise stehen lassen, wenn man schon mal in deutschland ist. der kann trinken, manomann, dagegen bin ich ja ein waisenknabe, halbwaisenknabe, eine mutter habe ich ja. zum mittagessen ging es immer schon los, bis spaet in die nacht. weihnachten sind wir dann zu meiner anderen schwester nach karlsruhe in den gottesdienst. die hat eben so ein job wo man, eh frau ein schwarzes kleid mit gespaltener serviette am hals traegt. bis auf das kindergeschrei war das gar nicht so schlecht. hat meine schwester gut gemacht, alle unter kontrolle. zirkusdomteur heisst ihr job glaube ich. zum weihnachtsabend war ich natuerlich fuers essen zustaendig. lecker gaensebraten mit knoedeln und dreitagegekochtem apfelrotkohl. wir konnten alle nicht genug bekommen. danach hatte ich meinen festen termin im climax in ludwigshafen mit ingo und svetlana. gemeinschaftliches weihnachtssaufen mit paerchen. waren auch nette maedels da, aber ich habe leider keinen weihnachtskuss bekommen. danach war ich noch im rhodos, aber dort war ausnahmsweise mal tote hose. nix los. hier habe ich auch das schlechte bier bekommen, von dem ich am naechsten tag so kopfschmerzen hatte. aber das letzte ist ja immer schlecht. zur feier des tages habe ich mein auto auch stehen lassen und bin mit dem taxi nach hause. woher habe ich das viele geld fuer den abend? egal, keinen kopf machen, den hast du noch frueh genug nach dem aufstehen. abends ging es

72

schon wieder etwas besser. meine schwester mit dem sued afrikaner markus und die andere schwester mit ihrer freundin jessy und meine wenigkeit sind dann ueber das rhodos, wo mein auto noch stand, in den schwimmbadclub gefahren. rockabilly, livemusik. ganz gut besucht, nicht gerade meine musik, aber die bierothekarin hat mich wenigstens bedient und das hat ja auch was. der fuenfzigerjahre look ist ja sehr nett, aber die maedels die da mitspielen sind doch meist etwas fuelliger als ich es noch ansprechend finde. am naechsten tag sind wir cocktails trinken gefahren. ich hatte so ein paar verguenstigungsbons. als biertrinker ist der suesse bappkram schon eine zumutung, weiss nicht was die maedels daran finden. ausser schwule kellner waren auch keine interessanten damen anwesend. auf ebay habe ich hasseroeder werbung fuer meine pension ersteigert. fuenfzig euro fuer zwei beleuchtete aussenspeisekarten, zweimal aussenbeleuchtung und zwei beleuchtet grosse hasseroeder werbeschilder mit „die kneipe" beschriftet. das passt doch immer. annabel und markus sind mit mir nach kassel gefahren den kram abholen. die werbung hat geradeso ins auto gepasst, wir mussten nur so einen komischen schnoerkel verbiegen. dann waren wir italienisch essen in einen franzoesischen restaurant. kein kommentar. ich bekomm einen anruf. eine suesse stimme spricht mich an. stimmt ich habe ja eine stelle fuer silvester ausgeschrieben, weil ich sonst alleine die party schmeissen muss. die arme hat kein auto zur verfuegung und ich soll sie von der bahn abholen, kein problem. wir fahren weiter nach pissdorf. die beiden helfen mir die zimmer machen, dafuer fahr ich die am naechsten tag nach berlin, wo sie ein paar bekannte treffen. tja keine parkmoeglichkeiten, umleitungen und ewig lange schlangen vor den sehenswuerdigkeiten lassen uns lieber in eine kneipe einkehren. gemuetlich was trinken. davor faellt uns noch auf, dass meine autobeleuchtung nicht so richtig funktioniert. kein bremslicht, einseitig standlicht, statt normales und nur einseitiges blendlicht. egal, da muss ich eben fuer den verkehr hinter mir mitdenken und darf nicht mehr abrupt bremsen, sondern muss ausrollen lassen. voellig veraengstigt fahren die beiden bei mir mit zu ihren bekannten. gut gegangen, ein paar mal haben zwar hinter mir die reifen gequietscht, aber was fahren die berliner auch so dicht auf. jetzt geht's wieder alleine nach hause. silvester. daniel hilft mir eine aussenlampe anzubringen und mein glaeserspueler in betrieb zu nehmen. abends ist er allerdings mit leuten in halle unterwegs. ich koche also alleine ohne ende. alles. gemischt. chebabchichi oder wie schreibt man das? nuernberger wuerstchen, jaegersosse mit extra champignons, nudeln, bolonaisesosse, haufenweise bleche pizza, nudelsalat, kartoffelsalat und dazu stelle ich noch das raqulettegeraet mit kaese, toast und anderem auf. so jetzt muss ich das maedel vom bahnhof abholen, endlich hilfe. scheint ja nett zu sein. sie darf den wintergarten dekorieren. betthupferl auf die betten verteilen. suessigkeiten, mohrenkoepfe, chips, flips und harribo stellt sie in schuesseln auf. wir machen arbeitsteilung, sie ist fuer die getraenke zustaendig und fuer das glaeserspuehlen und ich fuers kochen. die gaeste kommen und ich verteil die zimmer. doch nicht alles paerchen. hmm – das ist aber eine huebsche. geb ihr gleich mal meine telefonnummer, falls nachts was ist. und es war. alle zehn minuten sind die sicherungen rausgefloggen bei sovielen heizlueftern im nebenhaus. die gruppe hat gut gefuttert und ich habe immer nachgekocht. punkt zwoelf hat meine hilfe sekt ausgeschenkt und wir haben alle auf das neue jahr angestossen. lauter gute wuensche hab ich mit auf den weg bekommen und fuele mich heute trotzdem scheisse. vielleicht wirken so wuensche ja erst spaeter im jahr? die haben meinen ganzen garten zugeboellert. naja, jedem das seine. danach hab ich meine hilfe zu bett geschickt, schliesslich soll die ja morgen wieder fit sein. ...und ich kann jetzt endlich mit dem trinken beginnen. das bier schmeckt gut und an den bloeden entzug muss ich heute nicht denken. die leute verlassen mehr und mehr den wintergarten und kommen zu mir in die bar. ist auch gemuetlicher, mit sofas, spiegelkugel, lichtorgel und gedaempfter musik. ich blubber meinen letzten kirschtabak mit meiner shisha und raumpflege damit die bar. angenehm, wird mir von verschiedenen maedels bestaetigt. die kinder bekommen nochmal hunger und ich backe noch eine pizza. natuerlich frisch aus eigenem teig und frischem belag. danach gibt es noch ein zweiliter vanilleeis mit zehn loeffeln. gemeinschaftliches nachtischessen. nette menschen, nette unterhaltung. nuechtern bin ich auch nicht mehr und so frag ich die huebsche wie sie denn heisst, damit ich weiss von welcher schoenen frau ich heute nacht traeume. janka. sie will nach ihrer ausbildung irgendwas studieren. muss mich mal im internet informieren wo man den studiengang belegen kann, denn irgendwas wuerde mich auch interessieren. ich glaube, ich habe ihr angst gemacht, denn sie ruft angeblich ihren freund an. schade, also doch nicht ledig.

ich mache gute soljanka
und liebe eine janka
ich mag gar keine soljanka
wer liebt mich nicht? janka
26.05.05

19.tierlieb

ich mach mir erst mal den reis mit dem gemuese von gestern abend heiss und dazu eine kanne fruechtetee. der bekoemmliche tee ist ja alle. ich vertrag eigentlich nur fenchel und kamille. fuenfzehnuhrachtunddreissig der sechundzwanzigste erste. die postfrau hat mir nur werbung einer lotto tippgemeinschaft eingeworfen. richtig. genau. sehr gut aufgepasst. der gruene eimer unter dem schreibtisch. thomas ruft an. er ist zurueck aus china. er berichtet wie toll es ihm gefallen hat. das essen ist klasse, klamotten sind spotbillig, cd's und dvd's auch. essen gehen kostet nur zehn euro zu viert und mit zwei flaschen schnaps und ein paar bier auch nur zwanzig euro. gut eine bedienung verdient auch nur achtzig euro im monat, aber fuer arbeitslose deutsche. waer ja auch eine moeglichkeit. zwangsumsiedlung arbeitsloser, da sparen die kommunen erhebliche kosten beim zuschuss fuer den lebensunterhalt. ich glaube, ich wuerde das machen, wenn ich denn anspruch auf harz iv haette. die maedels sind auch sehr schoen und so viele. da haben die universitaeten gleich sechzigtausend studenten auf einem campus. leider sind die kulturell etwas anders. trotz ewiger baggerei seinerseits, lassen einen die maedels nicht ran. sex und liebe kann eben nicht jeder trennen. ich ja auch nicht. soviele maedels wie ich auf den paar seiten bis jetzt schon geliebt habe, soviel sex hatte ich in den letzten fuenf jahren nicht. heul. daniels flitzer faehrt vorne an der strasse vorbei. tja, die termine jagen einen freiberufler. langsam werden seine eltern wieder kommen und die schafe einsperren.

die armen wissen auch nicht was sie in dem schnee machen sollen, villeicht sollte ich den schnee gruen lackieren? nein das waere fies. schliesslich bin ich doch tierlieb. scheisse, mir faellt ein, dass im maerz mein auto zum tuev muss. das wird kostspielig, wo doch alles moegliche am arsch ist. wo bekomm ich nur kohle her? gestern abend hat meine schwester angerufen. sie will ueber die faschingtage mit ihrem francesco, sizilianer guenstigen urlaub fuer drei tage bei mir machen. trifft sich gut, dann koennte ich ja mit runter fahren, wegen der bude in ludwigshafen, die ich noch stuermen und raeumen muss. mein wagen lass ich dann hier stehen. wenn es bewohnt aussieht dann bricht diesmal vielleicht hier keiner ein. eigentlich waere ich lieber schon zu den faschingstagen in rhein-neckar. da wird fuer trinker mehr geboten als hier im dorf. aber ohne geld geht das ja sowieso nicht. wenigstens die fahrtkosten sparen, auch gut.

ich mache mir erst mal einen schoenen hamburger. genau mit kaese und einer scheibe paprikasamali. daniel kommt. er bringt ein hefeweizen mit und meint, dies muessen wir teilen. ich sage ihm, dass ich seit heute, mittwochs versuche keinen alkohol zu trinken. er fragt mich, ob es mich dann stoert, wenn er es alleine trinkt. ich behaupte, nein. genau weiss ich das aber noch nicht, weil ich eigentlich immer trinke, wenn andere trinken. er stellt mir sein heute bei aldi gekauftes tragbares navigationssystem vor. alle aldimaerkte sind in dem geraet eingetragen, hotels auch, aber meine pension natuerlich nicht, frechheit. dreihundertneunundsiebzig euro. davon koennte ich drei monate leben. ich stelle das fernsehprogramm fuer ihn um. wir schauen spongebob. meinst du, dass es ok ist fuer einen fuenfunsdreissigjaehrigen schwammkopf zu gucken? fragt er. man darf alles gucken und machen, solange man es nicht in der oeffentlichkeit celebriert oder sich outed, entgegne ich. dabei versuche ich nicht sein bier anzusehen. ich glaube ich habe zwei liter leitungswasser in der zeit getrunken, die er fuer das weizen gebraucht hat. tagesschau. pieper gibt die funktion der generalsekretaerin in der fdp ab und leitet dafuer irgend einen ausschuss. es bleibt die naechsten tage frostig und es wird die tage nochmal schneien. ich schalte um auf br-alpha. heiko ernst von psychologie heute ist mit einer reporterin im gespraech. die entwicklung der psychologie von den siebzigern bis heute. recht interessant. von ernst habe ich mal einen sympatischen artikel im studium gelesen: gesund ist alles was spass macht. daniel langweilt sich, er geht und bedankt sich fuers nutzen des weizenglasses. ich mach mir noch eine protion gemuesereis heiss, wenn ich schon nix trinken darf. nach der sendung schalte ich auf phoenix. schaeuble mit wehler und witting oder so im gespraech mit einer moderatorin ueber die patreotismus diskussion. ueber wehler habe ich einem ein referat in heidelberg gehalten: entstehung und entwicklung der nationalstaaten. spannende diskussion, die gehen fair miteinander um und sind im grunde aehnlicher meinung. gerade was das aufkommen der npd anbelangt. das sind plumpe aber gefaehrliche nazis, was man am benehmen im sachsener landtag erkennen kann.

ich mache etwas depri musik an und gehe ins internet. ein maedel hat mir auf mein profil bei neu.de geschrieben: ich bin eine spontane, offene und lebenslustige 25jaehrige, die es liebt von vielen menschen umgeben zu sein. durch meinen job als promotion-teamleiterin komme ich viel rum und bin wirklich alles andere als schuechtern. wenn du mich kennenlernen moechtest, dann schreib mir doch mal ne Mail: vip@gmx.li Ich warte auf deine Antwort :o) Camilla.

gut, dass die ihre mailadresse im text genannt hat, denn neu.de verlangt auch kohle, wenn man ueber die plattform kommuniziert. ich schaue mir ihr profil an. man habe ich einen durst, vielleicht noch eine tasse heissen tee, zur ablenkung. in ihrem profil steht der gleiche text: „ich bin eine spontane, offene und lebenslustige 25jaehrige, die es liebt von vielen menschen umgeben zu sein. durch meinen job als promotion-teamleiterin komme ich viel rum und bin wirklich alles andere als schuechtern." also viel muehe hat sie sich fuer mich nicht gegeben, wahrscheinlich eine rundmail, vielleicht auch noch kommerziell. ich ueberlege so was ich denn zurueckschreiben koennte. und fang dann einfach mal an: danke fuer deine freundliche message. auch ich bin recht spontan, aber sonst eher verschlossen, depressiv und sehr schuechtern. ich liebe es auch unter menschen zu sein, aber mehr als beobachter als im mittelpunkt. ich hoffe, dass dies alles bei mir kein dauerzustand ist. mein psychater sagt, wenn ich eine nette und offene frau kennenlerne, die auf mich einwirkt und mir die lebensfreude wiedergibt, dann darf ich auch bald aus der geschlossenen. leider schreiben mir die wenigsten auf meine emails zurueck. nagut, die susi von station 4, die schreibt mir ab und zu. susi meint makaberer humor ist voll scheisse. da stehen die frauen nicht drauf. susi schreibt auch immer so sachen, wie - ich habe doch gar keinen psychater, haette aber bald einen noetig. ausserdem saesse ich gar nicht in der geschlossenen, sondern in magdeburg im internetcafee am uniplatz. und dass ich nicht immer versuchen soll die adressen der maedels, die mir geschrieben haben, im internet rauszubekommen. ausserdem sei ich schizzophren, denn susi gaebe es gar nicht. so eine bloede kuh, wie steh ich dann da? also, liebe camilla, deine message hat mich sehr gefreut und ich wuerde dich gerne kennenlernen. du kannst mir gerne einen moeglichen termin und treffpunkt nennen, dann koennen wir mal einen kaffee oder so zusammen trinken und uns naeher kennenlernen. alle mails werden auf mein handy geleitet, so bin ich sofort informiert und du musst nicht wochen warten, bis ich dir antworte. aber du brauchst mir nicht unbedingt zu schreiben, wenn du nicht willst. denn wenn ich im internetcafee eben am uniplatz die richtige adresse gefunden habe, dann brauchst du nur noch deine wohnungstuer zu oeffnen, wenn ich jetzt klingel ...

dingdong. ich glaube so ganz das ware ist das nicht. irgendwie komme ich dabei nicht witzig genug rueber. sehr charmant komme ich damit auch nicht weg, meint susi. ach, scheisse, susi gibt's ja gar nicht. warum faellt es mir so schwer mich mit jemanden zu schreiben? ich muss ja noch nicht mal direkt mit dem maedel reden und habe zeit ueber meine antwort nachzudenken. ich bin zu bloed dafuer. auch frueher wenn ich gechatten habe, hat es nie lange gedauert bis die maedel eine kommunikation mit mir aufgegeben haben. smalltalk ist nicht mein ding. entweder sehr tiefgehende gespraeche oder ich fange an zu fantasieren und die leute zu verarschen. es gibt nicht viele frauen, die mit meinem sarkasmus umgehen koennen. beim ersten treffen sind die damen meist sehr verschreckt. in zukunft kann ich meinen blinddates ja erst mal dies buechlein zukommen lassen, wenn die es mir innerhalb einer woche zurueck senden, lassen wir das treffen sein.

soziallegasteniker

ich kann nichts sagen

von angesicht zu angesicht

ich weiss nicht es zu wagen

lieber schreib ich ein gedicht

leider wirst du es nicht lesen

und eher das papier verwesen

doch ich habe mich so ausgedrueckt

vielleicht bin ich auch verrueckt

doch gestehe nie die liebe einer frau

die du nicht kennst, projektion alleine ist

lerne sie erst kennen, geh hin, dich trau

du darfst nicht lange projizieren, setz dir eine frist

sage nichts von deiner liebe

freunde dich mit ihr an

halte zurueck deine triebe

dann klappt es irgendwann

3.40   3.5.4

20.titel

irgendwie muss ich dieses buch ja auch verkaufen, also brauche ich einen ansprechenden titel. mal ein kleines brainstorming, titel - untertitel:

- lesen ist scheisse – schreiben auch
- wie verkauft man buecher
- bettina – larissa - beate
- maenner verstehen
- gott schuf den mann, danach die spearrips – all u can read
- gequirlte scheisse – fuehrt gott auch selbstgespraeche?
- eingesperrt – hartz iv nicht fuer mich
- kein job – trotzdem zu
- einsamer wolf – sucht rotkaepchen
- du bist der beste
- akademiker – m34/172/84/nr
- einhundert bewerbungen – danach alkoholiker
- beerfetish – ich lebe es
- kuschelbier.de – es wirkt
- lesen – verbloedet!
- das buechsenpfand – foerdert alkoholkonsum
- reiseschreibmaschine

keine ahnung. eine reiseschreibmaschine hatte ich mal, aber habe ich nie benutzt. damals habe ich auf die erfindung des computers gewartet und es hat sich gelohnt. pac man und autorennen kann man sehr schlecht auf einer schreibmaschine spielen, aber auf einem comodore 16 aus dem aldi mit datasette – cool wah! spaeter hatte ich dann einen comodore 128. der hatte den vorteil, dass ich alle spiele vom c64 tauschen und spielen konnte, aber mein basic weiter nutzen konnte ohne mich an piks und pokes gewoehnen zu muessen. ich habe damals angefangen mit dem ding den gemeindeboten und schuelerzeitungen zu machen. hatte extra das pagefox modul zur seitenerstellung gekauft. das war so scheisse, dass wir dann doch lieber weiter mit schere und kleber gearbeitet haben.

dass einwegpfand den alkoholkonsum foerdert ist klar, denn ich muss jedesmal die leeren dinger wieder dorthin bringen wo ich auch zum kauf neuer verfuehrt werde. logisch!

das lesen verbloedet, sieht man ja hier ganz deutlich. man sollte sich schon ausgewaehlte literatur reinziehen. es ist ja soviel schund und wirres zeug auf dem markt. ein titel sagt viel, der covertext sagt mehr, aber am besten liest man nur das was andere einem empfehlen. aber meist erzaehlen die soviel aus dem empfehlungsbuch, dass man sich das lesen dann auch sparen kann.

kuschelbier wirkt, ist selbstverstaendlich. wenn zuwenig alkohol drin sein sollte, gibt man einfach noch ein klaren dazu. ja, kuschelbier schmeckt nicht immer gleich. das bier wird ja auch in kleinstauflagen gebraut. eine eigene biersorte war eben schon immer ein traum von mir.

beerfetish – cool beer – hot chicks, ist die seite, die ich mit einem kumpel betreibe. ingo posert die maedels, die dann bier zapfen und an der bar stehen oder zeichnet gothik frauen. wir haben dort unsere top ten locations, top ten bardamen und top ten nicnames von netten begegnungen. kann ich nur empfehlen die seiten. nagut die sind teilweise nicht jugendfrei und wer freizuegige maedels oder bier anstoesslich findet soll ja die seiten erst gar nicht besuchen.

nach einhundert bewerbungen alkoholiker, kommt bei mir auch hin. fast hundert bewerbungen auf die unterschiedlichsten stellen, aber alle haben auch im entferntesten irgend etwas mit meinem erlernten bereich zu tun. ok, ich habe auch vor den vielen bewerbungen des letzten jahres getrunken, aber ich glaube im nachhinein, dass es sich mehr in grenzen gehalten hat. irgendwie war ich ja auch beschaeftigt mit den studien, dem hotel, dem verein und so.

akademiker - 31/173/84/nr, faend ich auch einen guten titel. obwohl ich mir nicht sicher bin, ob das buch fuer maedels, die ich mag, so das richtige verlobungsgeschenk waere.

suche rotkaepchen, ist zwar nett, aber ich trinke ja gar kein sekt. habe sogar an silvester mit meinem bierchen angestossen. einsamer wolf ist dafuer sehr passend, aber ich hab noch keinen wolf gesehen der sein empfinden niedergeschrieben hat. kein job und trotzdem zu, tja das stimmt einfach nur. ob dadurch vier millionen arbeitslose mein buch kaufen?

gequirlte scheisse – fuehrt gott auch selbstgespraeche? das ist momentan mein arbeitstitel. der titel passt ziemlich gut zu dieser schrift. nur der untertitel wartet foermlich noch darauf abgehandelt zu werden, aber so richtige lust dazu habe ich nicht. das haette dann ja auch wieder einen touch von wissenschaftlich. dann muesste ich auch noch ein paar andere werke dazu waelzen, wie oede, kein bock dazu.

gott schuf den mann, soll ja laut bibel die wahrheit sein. da ich die frauen nicht verstehe und sie mich wohl auch nicht, haette er aus der rippe dann lieber rippchen machen sollen. lecker mit ordentlich barbeque-sauce und einigen pitchern beer dazu.

maenner verstehen, waere wenn ich das pamphlet fuer maedels geschrieben haette. doch ich glaube, so richtig schlau wird frau trotz lesens nicht aus uns maenner.

bettina – larissa – beate. so heisst der gedichtband, den ich auf meinem rechner fertig fuer den druck habe. aber wer liest und kauft noch gedichtbaende? der titel wuerde allerdings ja auch hier passen, denn maedels kommen hier im werk ja auch als betrachtungen vor. natuerlich kommen noch mehr als drei frauen vor, aber ich kann ja keine vierseitigen titel machen.

wie verkauft man buecher? tja die frage steht im raum, aber als titel, der dann nicht behandelt wird, nur durch den erwerb des buches sinn stiftet, ist fuer die meisten menschen dann doch zu unverstaendlich. ich faend aber gar nicht so bloed. gibt ja auch titel, wie - kauf mich – oder so aehnliche.

lesen ist scheisse – schreiben auch. den haupttitel haette ich achtunszwanzig jahre sofort unterschrieben und den untertitel haette ich genau diese zeit nicht verstanden und auch in keiner weise nachvollziehen koennen. ja, ich habe sehr spaet angefangen zu lesen. eigentlich erst als ich es musste fuer meine erste diplomarbeit und dabei habeich ja auch angefangen mit dem schreiben. lesen und schreiben ist scheisse, beim scheissen hat ich achtundzwanzig jahre immer einen taschenrechner mit auf dem klo. meine leidenschaft war rechnen. alle moeglichen dinge. man konnte mich stundenlang nur mit einem taschenrechner alleine lassen. jetzt habe ich auch ein buch auf dem klo liegen, ein anderes neben meinem fernseh- und shishasessel und mehrere auf dem schreibtisch. es gibt gute fachliteratur, aber romane, krimis und sowas wie dies hier ist einfach nur gebundene scheisse gerade noch als notfalltoilettenpapier zu gebrauchen. gut zur ablenkung, wenn man genug anderes zu tun hat.

also ueber den titel muss ich mir spaeter gedanken machen, jetzt finde ich keine mich hundertprozentig ueberzeugende loesung.

21.drogen

heute ist der achtundzwanzigsteerste. es hat die ganze nacht geschneit und ich musste gleich nach meiner tasse kaffee den bloeden weg freischippen. gestern kam die postfrau ja auch nicht. auch daniels eltern haben gestern nachmittag meinen davor freigeschaufelten weg nicht gewuerdigt und sind die einfahrt hinten zum schafstall die schafe einsperren. das highlight heute morgen ist bruno. frank, the owner, hat ihn tatsaechlich heute in den schnee gestellt. ein ballen stroh hat er vorne an den baum gehaengt, so kommen die schafe nicht dran. der gaul denkt aber gar nicht daran giraffe zu spielen und durchstoebert den schnee nach gras. zwecklos. davon bekommt bruno nur einen eisgekuehlten wasserbauch. eisgekuehlt? hmm, ich koennte mein gefrierfach abtauen. alles in eine schuessel und raus ins freie stellen. durch das viele aufmachen des gefrierschrankes, um zu errechnen wann ungefaer ich verhungern werde, hat ihn total vereist. muesste dann natuerlich aufpassen, dass draussen keine viecher drangehen, sonst stimmen meine berechnungen natuerlich nicht mehr. genau das ist ein job fuer heute nachmittag.

heute habe ich eine email bekommen von einer frau, die sich mit einem kleinen verlag selbstaendig gemacht hat. die hat mir als author eine umfrage zugesendet. ob ich meine manuskripte auch grossen verlagen zusende und ob ich von meinen buechern leben kann. waere ja nicht schlecht, mit einem zeitvertreib geld verdienen. wenigstens soviel, dass ich fuer den januar noch meine krankenkasse zahlen kann, fuer den februar waere auch nicht schlecht. mehr geld waere noch besser, aber nicht zuviel. je mehr geld ich habe, um so kostspieliger werden dann die drogen. dies ist zwar kein problem solange das geld fliesst, aber ich weiss nunmal wie es ist keins zu haben. nicht einmal die einfache legale arbeiterdroge bier ist zu hause, keine tabackwaren, von meiner cohiba lanceros ganz zu schweigen. ueber meine anderen suechte schreibe ich ja gar nicht. bier wuerde jetzt erst mal schon reichen. bier ist heutzutage schon nur noch was fuer die privilegierten hartz iv kassierer. als kuenstler und intelektueller weiss ich schon gar nicht mehr, wann ich meine letzte flasche absinth geniessen durfte. die hartz vierer trinken billiges bier, die arbeiter billigen weisswein. die angestellten billigen rotwein, die beamten und selbstaendigen kiffen und politiker und promis konsumieren billiges koks. nur wir lebenskuenstler, die aussen vor bleiben, geniessen alle drogen, die vom tische der herren abfallen und ab und zu, wenn zufaellig kohle da ist, dann konsumieren wir teures bier, teuren wein, canabis und gutes koks. denn der billige stoff befriedigt die suechte, nur der teure foerdert die kreativitaet.

vorgestern habe ich meinen abstinenten tag durchgehalten. gestern hatte ich ausser einen schuss wiskey-cream in meinen eiskaffee keine lust auf alkohol. hoffentlich ist dies kein anzeichen dafuer, dass ich krank werde. so leicht unwohl fuehle ich mich ja. bis zwei uhr heute morgen war ich wach und dies bei wasser und tee. irgendetwas stimmt doch mit mir nicht. untersuchungen haben gezeigt, dass maessige trinker laenger leben als saeufer, aber auch als abstinentler, hatte herr ernst mal geschrieben. in kleinen taeglichen mengen hat alkohol eine durchaus positive wirkung, meint er. muss ich mir nach fast zwei abstinenten tagen schon sorgen machen? ich habe aber auch schon von ueberlebenden gehoert, die mal eine woche oder laenger nicht getrunken haben. wahrscheinlich hatten diese asketen irgendwelche austauschsubstanzen, die sie in die lage versetzten ihren grundbeduerfnissen zu widerstehen. war gestern auf dreisat, dass es beim militaer, auch bei piloten drogen gibt, die die unterschiedlichsten wirkungen haben. schlaf-, hungerbeduerfnis sowie schmerzempfinden wird unterdrueckt und gleichzeitig aufmerksamkeit, reaktionsvermoegen und aggressivitaet gesteigert. ich weiss nicht, bei pillen fehlt mir ein wenig die zeremonie. waere doch auch ein viel interessanteres bild, piloten mit bierbuechsenhalter und extragrossen kiff-aschenbecher oder eingebauter bong in der mittelkonsole des neuen airbus. naja vielleicht trinke ich ja heute dafuer wieder viel mehr und dann brauche ich mir ja keine sorgen machen.

fee

ich lebe in der falschen zeit

kein absinth hier weit und breit

wo sind die künstler und denker?

wohin gegangen zum henker?

bin ich alleine verblieben?

soll ich nun die wache schieben?

bin ich zu spaet zur welt gekommen?

hab ich zu spaet den ruf vernommen?

warum will mich keiner hoeren?

wieso darf ich niemand stoeren?

oh – gruene fee wo bist du hingegangen?

wieso bin ich in dieser zeit gefangen?

3.45   3.5.4

22.koerbe

die sonne schein draussen auf den schnee. ich mach mal depri-
mukke an und mach den rolladen runter. sonne passt einfach nicht
zu der scheiss kaelte, voll die hippieverarsche da draussen. friede,
freude, eierkuchen. von wegen, hab ja nicht mal eier im haus um
eierkuchen zu machen. freude? ohne rausch? friede? ich sollte
keine tagesschau mehr sehen, vielleicht fernsehen ganz lassen.
soll ja auch suechtig machen.

gestern habe ich mir spaghetti bolognaise fuer acht personen
gemacht. haette ja wer kommen koennen. nein – wunschtraum –
so ist das essen einfach fertig im kuehlschrank und ich brauch nur
kurz in die kalte kueche den kram in die mikrowelle stellen, wenn
ich hunger habe. dann mach ich mir mal eine portion, etwas
tomaten-sauce drueber, weil die eingeruehrte schon zu sehr in die
nudeln aufgesogen ist. sonst wird das essen ja auch nicht
gleichmaessig warm in der mikrowelle. ich mach mir dazu den
fernseher an. deutschlands missen im bikini im pool, am strand
und auf dem cat walk. essen schmeckt wie gestern. nicht schlecht,
aber auch nicht besser. huebsche maedels, vielleicht etwas zu viel
blonde. die eine hat voll die rauchige stimme. isabell hatte auch so
eine. isabell? grosses dunkles maedchen aus dessau, hat kurz vor
mir diplom geschrieben. hatte damals ihre arbeit als
layoutvorlage. schoene frau, ich war auch einmal beim italiener mit
ihr. leider ist, sobald man interesse bekundet immer gleich die
freundschaft aus. egal, ich hab sie letztes jahr auf einem
ehemaligen-hochschultreffen gesehen. sah verbraucht aus die

grosse. ich glaube die arbeit stresst sie sehr, weiss gar nicht was die macht. irgendwer hat mal gesagt sie sei jetzt beruflich in bonn taetig. bin ihr auch beim tanzen aus dem weg gegangen. nach bonn hatte ich auch mal kurz kontakt. da hat eine ehemalige klassenkameradin von mir bei einer botschaft gearbeitet. die war in der pubertaet fuer mich die schoenste frau. sieht jetzt wahrscheinlich auch verbraucht aus, die kleine chrissy. frauen sieht man die quarterlife-crises eben an. komisch, ich glaube, nur ich werde mit den jahren immer schoener. wallendes lockiges leicht ergrautes haar, einen wohlgeformten maennerbauch - es tut mir gut nicht zu arbeiten. kurz nach isabell habe ich fuer kathrin geschwaermt, aber da war ein anderer schneller. maenner werden reifer, schlauer und lernen das leben mit der zeit zu geniessen. frauen verwelken – wie gemein – koennt euch ja vorher melden, ich bin single und meine daten habe ich ja im kapitel titel veroeffentlicht. ich jedenfalls bequeme mich nicht mehr maedels zu fragen. soviele korbflaechterinnen wie ich kennengelernt habe, koennte ich mich selbstaendig mit einem eigenen korbladen in polen machen. dass frauen auch kein gescheiten beruf ausueben koennen. von denen hat doch keine sau flechten in einer dreijaehrigen anerkannten ihk ausbildung gelernt, scheint denen irgendwie angeboren zu sein. gott hat uns maennern die maedels eben nur zum anschauen hingestellt. fuer den genuss gibt es rippchen in barbeque sauce mit den pitchern von denen ich schon sprach. peter meint, ich haette einen leichten schaden durch die viele literatur der peases und konsorten. so ein quatsch, bei den buechern bekommt man nur seine eigenen erfahrungen bestaetigt und naeher erlaeutert, warum was wie ist. erfahrungen habe ich. wenn ich jetzt tot umfalle, werde ich weder, ohne jemals beziehungen gehabt zu haben, geschweige denn als jungfrau sterben. vor der jungfrau hat die emanzipation anscheinend halt gemacht. ob dies einen religioesen grund hat? zumindest habe ich noch nie etwas von einem jungmann gehoert. wuerde der papst denn zugeben jungfrau zu sein? von der doktrin her muesste er ja, der ausdruck an sich waere katholisch und patriachaisch natuerlich unpaesslich. gibt ja auch stimmen, die sagen vor der entscheidung zur priesterweihe ist ein anderes leben, die enthaltsamkeit bezieht sich erst ab dem entschluss. aber zurueck, wie wuerde emma eine maennliche jungfrau betiteln? vielleicht existiert der begriff jungfrau ja seit der emanzipation einfach geschlechtsneutral im praktischen nicht mehr. ist ja auch nach der sexuellen revolution. jungfrauen gibt es demnach seit achtundsechzig nicht mehr. ok – kinder geschlechtsneutral. und vor den achtundsechzigern war der begriff jungfrau eben nicht emanzipiert und galt aus dem patriachat entstanden eben fuer beiderlei geschlecht, wenn man davon ausgeht, dass es maennliche jungfrauen gegeben hat. aber eigentlich muss man einen passenden begriff etablieren, denn im zeitalter wo jeder mensch zugang zu pornografie und allen fetishmaterialien ueber das internet hat, gibt es mit sicherheit auch immer mehr menschen, die sich echtem biologischen austausch trotz pille und anderer verhuetungsmittel entziehen. es ist einfach hygienischer, man traegt zum beispiel auch keine lebenslange verantwortung fuer gerissene kondome - guter name fuer die kinder. auch spart man sich das bekanntmachen, die vielen kinobesuche, das essen gehen, das vorspiel und spaeter auch noch den unterhalt. und gott schuf aus einer weiteren rippe das internet und die samenspende. gepriesen. monogamie – adee. pc, laptop, dvd-player und videorekorder endlich e-gruppensex, wielange hat der mensch davon getraeumt. ok, die niedere kaste lebt natuerlich unhygienisch gefaehrlich. der kram muss ja auch gedreht werden. moderne maennliche jungfrau, hmm. lonly netlover? screenlover? dann stell ich meine freundlinnen mit jaypeck, ahvie, empack oder divichs vor. oder man sagt: „ich bin jetzt, dank meines guten therapeuten, wieder vom dreidimensionalen runter. fleisch ist schliesslich zum essen da." da sind wir schon wieder bei den kanibalen aus den nachrichten. wird sich wohl haeufen.

korb

maedchen du hast mich abgewiesen

als ich dir meine liebe habe bewiesen.

du last mein kurzes gedicht

und sagtest du liebst mich nicht.

ich soll gedichte fuer eine andere machen

dies tut man nur fuer die einzig richtige

das das beide sich lieben ist das wichtige

aber ich soll nicht traurig sein, soll lachen.

du hast erfahrung im koerbe geben

es lohnt nicht nach deiner liebe zu streben.

Ich soll mir suchen eine andere frau

ausschau halten nach der der liebe der ich trau.

14.48 09.04.04

23. schluss

es gibt noch viel zu schreiben. vielleicht mal etwas mit spannung und hoehepunkten, mit mehr bildern und weiteren gedichten. die welt steht uns offen, wir muessen nur durch die tueren gehen, sie sind nicht verschlossen. manche knarxen und die menschen drehen sich verwundert um, durch anderen tueren wollen soviele durch, dass es etwas laenger dauert oder man erst mal stecken bleibt. ab und zu laeuft man auch in dem haus welt durch mehrere tueren und ist wieder am anfang. egal, solange man es bemerkt und ein anderen weg versucht. die wenigsten haeuser haben fahrstuehle, versuche also auch die treppen zu benutzen. wenn du etwas selbstsicherer bist, kannst du auch auf deine eigene leiter klettern, aber vergiss nicht zuvor ein loch in die decke zu machen, sonst stoesst du dich nur an den oberen. aber pass hoellisch auf, wenn du auf dem dachboden bist. die meisten schauen nicht nur aus der dachluke, sondern stellen ihre eigene leiter an und wollen weiter hinaus. du musst also fuer dich erkennen wo oben ist, damit du nicht rausfaellst, denn darauf warten dann auch schon wieder die naechsten, mache schubsen auch. auf dem dachboden gibt es viele alte mottenkisten, du kannst hier bleiben und musst nicht hinausfallen. der dachboden hat platz fuer viele. man muss nur miteinander auskommen.

... und wie nenne ich das buch nun?

literaturangaben

gibt es nicht! wuerde mich trotzdem ueber zitiert werden, unter wissenschaftlich korrekter angabe, freuen. schick mir dann ein abzug oder email!

ueber den author

ein mensch wie du und ich, aber mehr wie ich. sonst haette ich ja das buch gekauft und du es geschrieben. aber so ist die welt. produzieren und konsumieren. jeder konsumiert und jeder produziert, auch wenn es nur scheisse ist. scheisse, urin, schweiss, ohrenschmalz, rotz und stickstoff sind nun einmal die hauptprodukte des menschen. daher muss ich mich gar nicht mit diesem pamphlet verstecken.

ich bin was ich bin, dies kommt davon, wenn man sich auf solche beschissen sprueche verlaesst: wer abitur macht und studiert, dem steht die welt offen, hiess es immer. jetzt suche ich eine frau mit kohle, ok, ok. ich suche eine frau mit arbeit, ok, ist ja gut ...

... suche frau und arbeit, kann alles !

danyelo dolce